Psicologia do Desenvolvimento

Volume 2

*A infância inicial:
o bebê e sua mãe*

CIP-Brasil. Catalogação-na-Fonte
Câmara Brasileira do Livro, SP

> Rappaport, Clara Regina.
> R169p   Psicologia do desenvolvimento / Clara Regina Rappaport ... [et al.]; coordenadora Clara Regina Rappaport. — São Paulo : EPU, 1981-
> v.1-   Bibliografia.
>
> Conteúdo: v.1. Teorias do desenvolvimento. — v.2. A infância inicial: o bebê e sua mãe.
>
> 1. Psicologia do desenvolvimento i. Título.
>
> 81-0484   CDD-155

Índice para catálogo sistemático:
1. Psicologia do desenvolvimento 155

Clara Regina Rappaport
Wagner Rocha Fiori
Eliana Herzberg

Psicologia do Desenvolvimento

Volume 2

A infância inicial: o bebê e sua mãe

Coordenadora: Clara Regina Rappaport

Sobre os Autores:

Clara Regina Rappaport

Professora Titular de Psicologia do Desenvolvimento da Faculdade de Psicologia das Faculdades Metropolitanas Unidas de São Paulo.
Mestre em Psicologia do Escolar pelo Instituto de Psicologia da Universidade de São Paulo.
Chefe do Departamento de Psicologia Básica da Faculdade de Psicologia das Faculdades Metropolitanas Unidas de São Paulo.

Wagner Rocha Fiori

Supervisor de Terapia Psicomotora do Instituto de Psicologia da Universidade de São Paulo.
Ex-Professor-Adjunto de Psicologia do Desenvolvimento da Faculdade de Psicologia das Faculdades Metropolitanas de São Paulo.
Ex-Supervisor de Psicoterapia Infantil das Faculdades Paulistanas.

Eliana Herzberg

Professora Assistente de Psicologia do Desenvolvimento da Faculdade de Psicologia das Faculdades Metropolitanas Unidas de São Paulo.
Professora Assistente de Técnicas de Exame e Aconselhamento Psicológico da Organização Santamarense de Educação e Cultura.

13ª. reimpressão, 2001

ISBN 85-12-**64620**-9

© E.P.U. - Editora Pedagógica e Universitária Ltda., São Paulo, 1981. Todos os direitos reservados. A reprodução desta obra, no todo ou em parte, por qualquer meio, sem autorização expressa e por escrito da Editora, sujeitará o infrator, nos termos da lei nº 6.895, de 17-12-1980, à penalidade prevista nos artigos 184 e 186 do Código Penal, a saber: reclusão de um a quatro anos.

E. P. U. - **Telefone** (0++11) 3168-6077 - **Fax.** (0++11) 3078-5803
E-Mail: vendas@epu.com.br **Site na Internet:** http://www.epu.com.br
Rua Joaquim Floriano, 72 - 6º andar - conjunto 65/68 - 04534-000 São Paulo - SP
Impresso no Brasil   Printed in Brazil

Sumário

Apresentação VI

Capítulo 1 — Influências pré-natais no desenvolvimento 1

1.1 Influências pré e perinatais no desenvolvimento (Clara Regina Rappaport) 1
1.1.1 Bibliografia 6
1.2 Psicologia da gestação (Wagner Rocha Fiori) 7
1.2.1 O contexto familiar 7
1.2.2 As fantasias e os sintomas específicos da gestação 10
1.2.3 Conclusão 20
1.2.4 Leituras recomendadas 21

Capítulo 2 — Desenvolvimento emocional e social na primeira infância 22

2.1 Desenvolvimento físico na infância (Clara Regina Rappaport) 22
2.1.1 Equipamento inicial 24
2.1.2 Necessidades básicas 25
2.1.3 Desenvolvimento psicomotor 27
2.1.4 Bibliografia 29
2.2 Organização afetiva inicial: fase oral e amamentação (Wagner Rocha Fiori) 29
2.2.1 A fase oral 29
2.2.2 Amamentação 38
2.2.3 Conclusão 43
2.2.4 Leituras recomendadas 43
2.3 Interação mãe-filho: modelo bidirecional de efeitos (Clara Regina Rappaport) 44
2.3.1 Evidências empíricas dos efeitos da interação mãe-filho . 44
2.3.2 Bibliografia 66

Capítulo 3 — Desenvolvimento intelectual: período sensório-motor (Eliana Herzberg) 70
Bibliografia 90

Apresentação

Este livro, o segundo da série Psicologia do Desenvolvimento, pretende apresentar os principais elementos do processo de desenvolvimento psicológico presentes no momento da vida que se convencionou chamar de infância inicial ou de primeira infância.

Sabemos que neste período são lançadas as sementes de um processo que concorrerá para a emergência de uma personalidade saudável, adaptada, feliz, capaz de lidar de maneira satisfatória tanto com o seu mundo interno como com as exigências do mundo externo (físico e social); ou que, por falhas e dificuldades, poderá levar a desvios, desajustes e insatisfações tanto no indivíduo em questão como em toda sua família.

Neste sentido, apresentamos uma visão dinâmica e interativa do processo de desenvolvimento individual, lançando mão de abordagens teóricas diferentes, oriundas dos autores que consideramos os mais influentes no momento atual da psicologia infantil. Caberá ao leitor uma integração e um posicionamento pessoal diante das diferentes abordagens propostas.

Parece-nos bastante claro que os diversos posicionamentos teóricos podem confundir a princípio, mas, ao longo do tempo, à medida que aprofundamos nossos conhecimentos teóricos e convivemos com crianças (no lar, na creche, na escola, no parque, na clínica) e suas famílias, eles enriquecem a nossa visão deste processo de formação da personalidade, que, sem dúvida, é complexo, rico e estimulante.

Esperamos com esta obra colaborar com tantos quantos estejam procurando conhecer teoricamente o desenvolvimento da criança pequena em interação com sua mãe, como também com aqueles que, em virtude da natureza de sua atividade profissional, precisem deste arcabouço teórico para atuar. Dedicamos, portanto, este livro a todos aqueles que, como nós, acompanham a evolução da mãe e do bebê, ou seja, psicólogos, pedagogos, pediatras, psiquiatras, obstetras, ginecologistas, educadores, assistentes sociais e obviamente aos estudantes de cursos superiores nestas áreas.

Clara Regina Rappaport

Capítulo 1
Influências pré-natais no desenvolvimento

1.1 Influências pré e perinatais no desenvolvimento

Clara Regina Rappaport

É de fundamental importância para o psicólogo ter noções de como ocorre o processo de fecundação e crescimento da criança no útero materno porque muitos problemas de comportamento, deformidades físicas e distúrbios de personalidade têm origem nesta fase. Não faremos uma revisão completa destes aspectos, pois inúmeros autores já a fizeram, quer de forma breve, quer de forma exaustiva. Citaremos alguns deles apenas a título introdutório, pois a própria crendice popular tem mostrado ao longo da história que os mistérios da vida intra-uterina e as formas pelas quais o ambiente pode influenciar esses processos despertam o interesse de todos.

Antes do advento da embriologia, acreditava-se que qualquer evento influenciando a mãe durante a gravidez afetaria o feto, como, por exemplo, se uma futura mãe fosse assustada por um cão, a criança poderia desenvolver fobia por este animal; se desejasse algum tipo de alimento e não o obtivesse, a criança poderia ter aspecto deste alimento; que não se pode recusar qualquer tipo de alimento oferecido por uma gestante, etc. Estas crenças derivavam de uma suposta conexão neural entre o sistema nervoso da mãe e o do filho e da transmissão direta de emoções, desejos, angústias, etc., o que obviamente não tem sentido devido às grandes diferenças de maturidade do sistema nervoso central de um adulto (mãe) e daquele que ainda está se formando no feto.

Atualmente, sabe-se que grande número de substâncias passam através da placenta da mãe para o feto. Alterações na fisiologia da mãe produzem mudanças no feto, embora isto ocorra por um mecanismo muito mais complexo do que fazem supor as crendices populares. Estudos neste sentido começaram com a constatação de que deformidades nas crianças deviam-se a vírus (como o da rubéola ou da sífilis); venenos, radiações, substâncias químicas (como drogas ou antibióticos) e ausência ou excesso de vitaminas levavam à cegueira, má-formação craniana, ausência de membros, debilidade mental, desordens do sistema nervoso central e outras deformidades grosseiras.

Do ponto de vista emocional, Sontag (1941) sugeriu que substâncias químicas que aparecem no sangue materno durante o *stress* emocional se transmitem ao feto, gerando neste efeitos adversos. Por exemplo, constatou que os movimentos fetais aumentam por várias horas e assim crianças nascidas de mães com *stress* emocional prolongado poderiam apresentar alto nível de atividade após o nascimento.

Em outro capítulo ter-se-á uma visão mais atualizada e mais complexa das influências dos estados emocionais da mãe durante a gestação.

Lembraremos no momento outros tipos de fator:

1) *Idade da mãe*. Algumas deformidades ocorrem com mais freqüência em mães muito jovens (menos de 20 anos — aparelho reprodutor ainda em formação) ou mais idosas (mais de 35 anos). Ex.: mongolismo.

2) *Drogas*. Quando ingeridas no estágio de formação podem provocar deformações físicas e mentais diferentes, conforme a quantidade ingerida e a etapa da gravidez. Como exemplo podemos citar as anfetaminas, os sedativos, cocaína, etc. Na década de 60 muitas gestantes, em vários países do mundo, ingeriram uma droga — Talidomida (sedativo) — no início da gestação e seus bebês nasceram com vários tipos de deformação.

Atualmente, existem estudos mostrando que o próprio cigarro e as bebidas alcoólicas não devem ser utilizados em excesso durante a gestação sob risco de provocarem anormalidades, embora menores. As próprias drogas anestésicas utilizadas durante o processo de parto estão sendo questionadas no sentido de provocarem uma certa letargia, uma menor capacidade de resposta aos estímulos.

3) *Radiações*. Raio X em excesso podem provocar deformações no cérebro. Quanto às radiações atômicas, é bastante conhecido o fato de que, além da destruição causada pelas bombas atômicas em Hiroshima durante a 2.ª Guerra Mundial, as crianças nascidas de mulheres que se encontravam gestantes naquela ocasião apresentaram vários tipos de anomalia.

4) *Doenças infecciosas*. Sífilis, rubéola e caxumba podem produzir abortos (fetos de má-formação, eliminados espontaneamente

pelo organismo) ou anormalidades físicas (cegueira, surdez, deformidades nos membros) ou mentais.

5) *Fator Rh*. Quando houver incompatibilidade entre os tipos sangüíneos da mãe e do feto, podem ocorrer abortos, natimortos, morte logo após o nascimento, ou mesmo paralisias parciais ou deficiências mentais. Felizmente estes problemas já são bastante conhecidos na clínica médica, facilitando medidas profiláticas. Existem, entretanto, outras incompatibilidades sangüíneas (como o caso: mãe O, feto B) que podem produzir substâncias tóxicas no organismo (no caso, altas taxas de bilirrubina) e que estão ainda em fase inicial de estudos.

6) *Dieta*. Está atualmente comprovado que uma dieta pobre predispõe a maiores complicações durante a gestação e o parto, prematuridades, maior vulnerabilidade do bebê a certas doenças e mesmo atraso no desenvolvimento físico e mental. Daí a prioridade que o governo brasileiro vem dando ao atendimento materno, infantil. Embora ainda precário, esse atendimento ou está desaconselhando as chamadas gestações de alto risco, ou, quando ocorrem, procurando oferecer atendimento médico e complementação alimentar.

Tão grave é este problema na nossa população carente que o próprio jornal *O Estado de S. Paulo,* numa série de reportagens publicadas no final do ano de 1980, mostra que uma alta porcentagem das crianças de determinadas regiões da Grande São Paulo apresenta déficit tanto no crescimento físico quanto no intelectual, havendo uma média de 2 anos de retardamento no seu desenvolvimento. Esta defasagem é atribuída à má qualidade de vida e principalmente à alimentação inadequada e insuficiente da gestante, do bebê e da criança pré-escolar. Como solução para minorar ou pelo menos impedir que esta situação se agrave, sugere-se a orientação para um planejamento familiar mais adequado, bem como uma melhoria nas condições de alimentação e saúde no início da vida. Diga-se de passagem que, além das deficiências nutritivas, estas crianças vivem num ambiente sem estimulação adequada para o desenvolvimento intelectual. Pesquisas realizadas na Inglaterra mostraram que crianças, filhas de pais carentes e de Q.I. rebaixado, quando submetidas a estimulação adequada em instituições nas quais passavam parte do tempo, tiveram desenvolvimento superior àquelas de um grupo controle sem manipulação. Além do período que as crianças passavam na instituição, o programa previa atendimento e orientação às mães no sentido de autovalorização, melhoria em suas condições de trabalho e de relacionamento com as crianças. Completando ainda a experiência, as moças adolescentes desta comunidade eram treinadas no cuidado com bebês e crianças pré-escolares no sentido profilático, isto é, para quando fossem mães.

Muitas instituições comunitárias e religiosas têm prestado algum tipo de assistência a mães e famílias carentes em nosso meio, embora não contem, geralmente, com os mesmos recursos que tinham estes pesquisadores ingleses.

Por esta breve exposição de alguns dos muitos fatores que podem predispor a diversos tipos de distúrbio durante a gestação, conclui-se pela importância da orientação médica durante a gestação ou mesmo do aconselhamento genético quando um dos membros do casal é portador de qualquer característica que possa afetar negativamente o feto; ou ainda quando, embora pai e mãe sejam sadios, possa existir algum tipo de incompatibilidade capaz de prejudicar o feto. O conselheiro geneticista faz um estudo do casal e orienta no sentido da desejabilidade ou não da procriação. Embora recente, no Brasil este tipo de atividade existe nos grandes centros urbanos, ligado geralmente a escolas superiores de medicina e genética.

Além dos fatores já enumerados que prejudicam o feto de forma grosseira, existem outros que, embora de maneira mais sutil, prejudicam o desenvolvimento e o bem-estar psicológico (e social, em última análise) tanto da mãe quanto do bebê. Quero me referir ao processo de parto tal qual vem sendo comumente realizado em nossa sociedade.

Vejamos como ocorre. Durante a gravidez a mulher, ávida de atenções especiais que a ajudem a ajustar-se ao novo papel de mãe, recebe assistência obstétrica de forma mecânica e impessoal. É recebida por um médico atarefado que a examina e receita vitaminas ou outros medicamentos necessários. Suas emoções, medos, ansiedades, alegrias e expectativas não são considerados.

O parto é realizado num ambiente hospitalar que, se traz benefícios à saúde pela sua assepsia, pode produzir efeitos emocionais danosos, os quais podemos denominar "esterilização emocional". Analisemos a situação *pari passu*. A mulher parturiente, sofrendo as dores das contrações e as angústias de um momento desconhecido e crucial, é recebida fria e rotineiramente por pessoas estranhas. É conduzida de uma sala para outra, sem participar de qualquer decisão, tomada em nome de princípios obstétricos que não lhe são transmitidos.

A indução do parto por drogas e o rompimento artificial das membranas feito por conveniência (para acelerar o processo) produzem aumento das contrações uterinas (e portanto das dores da mãe) e menor fluxo sangüíneo para o cérebro do bebê, o que pode causar anormalidades neurológicas, cardíacas, disfunção cerebral mínima, etc., além da necessidade de se administrar analgésicos e sedativos para aliviar as dores maternas. Estas drogas concentram-se na circulação fetal e no sistema nervoso central, o que pode levar a comportamento menos responsivo após o nascimento, menor sucção, problemas de respiração e disfunção cerebral mínima. Este estado da criança e a sonolência da mãe após o parto (decorrente das drogas) levam a alterações nas respostas maternas e, dependendo do par mãe-criança do grau e da duração, podem levar a conseqüências mais duradouras e imprevisíveis.

A posição da mulher deitada e amarrada torna o parto menos confortável, impede a mãe de participar no sentido de procurar a posição mais confortável; interfere e inibe o comportamento materno natural, o que pode também influenciar no estabelecimento da interação com seu bebê.

O corte que se faz na mulher durante o parto causa desconforto durante a amamentação, afeta o relacionamento sexual (e portanto conjugal) após o parto, dificultando ao casal a elaboração da nova situação familiar.

Vejamos agora o que ocorre ao bebê. Os cuidados pós-parto são executados de maneira mecânica, rapidamente, num ambiente tumultuado e de muita luz. As luzes fortes sobre os olhos do bebê podem prejudicar o comportamento de olhar mútuo que ocorre entre a mãe e a criança durante a amamentação.

O parto cesariano, realizado incontáveis vezes sem indicação obstétrica, com anestesia geral, pode levar a sentimento de incerteza em relação ao bebê (será mesmo seu filho?), sentimento de falha como mulher, além das dores e da separação subseqüente.

A etologia, a partir de estudos com animais e posteriormente da observação de bebês humanos, constatou que os primeiros dias e semanas após o nascimento constituem um período fundamental para o estabelecimento de uma ligação afetiva sadia entre a mãe e o seu bebê. As primeiras horas e dias se constituiriam no denominado período de reconhecimento, quando os dois membros da díade estariam explorando um ao outro, conhecendo-se. Daí a importância fundamental de um parto num ambiente de maior afetividade e de um contato contínuo com o bebê nas primeiras horas. Caberia ao pessoal hospitalar um auxílio no sentido de ajudar a cuidar do bebê, pois que, ainda dentro dos princípios etológicos, qualquer mãe (humana ou animal) está apta a cuidar de seu filho desde que possa dar livre vazão às suas emoções. É como se as mulheres fossem programadas geneticamente para cuidar de seus filhos e estes nascessem com aspecto e comportamentos capazes de eliciar nelas o chamado comportamento materno. Assim, numa posição naturalista, basta que mãe e filho sejam deixados juntos, num ambiente adequado para que desenvolvam o *attachment* ou ligação afetiva. Inclusive, há quem ache que, quando o pai ou outras pessoas da família assistem ao parto, além de oferecerem segurança emocional para a mãe, estariam-se ligando afetivamente ao bebê.

Quanto ao bebê, constatou-se que crianças nascidas em casa e cuidadas, desde o início, pelas próprias mães, estabelecem um biorritmo próprio em poucos dias. Ao contrário, nas enfermarias demoram dez dias, além de apresentarem maior dificuldade de alimentação e mais choro.

Conclui-se, portanto, que este período pós-parto é muito delicado tanto para a mãe quanto para o bebê, podendo determinar a qualidade da ligação afetiva que se irá estabelecer entre os membros da díade criança-mãe.

O tratamento mecânico dispensado à mulher, que exige dela passividade, ausência de informações e pouco contato com o bebê, pode gerar sentimentos de culpa e frustrações que, quando prolongados, provocam depressão pós-parto, cujos reflexos podem durar muitos anos. Ela pode sentir-se privada de suas funções femininas, coagida e manipulada, embora do ponto de vista obstétrico o parto tenha sido um sucesso.

Sugere-se então que a assistência dada à gestante, à parturiente e à nutriz seja feita de maneira mais calorosa, mais humana, que inclua a participação do marido e dos outros filhos (quando houver), no sentido de promover uma interação familiar sadia.

1.1.1 Bibliografia

1. Bell, R.A. Contributions of human infants to caregiving and social interaction. In: Lewis, M. e Rosemblaum, L. (org.) *The effects of the infant on its caregivus*, N.Y., Willey, 1974, cap. 1, pp. 1-19.
2. Bell, R.A. A reinterpretation of the direction of effect in studies of socialization. *Psychological Review*, 75 (2): 81-95, 1968.
3. Brown, I.U.; Bakerman, R.; Snyder, P.; Fredricksonw; Morgan, S. e Hepler R. Interactions of black inner city mothers with their newborn infants. *Child Development*, 46: 677-686, 1975.
4. Carmichael, L. *Manual de Psicologia da Criança*. Organizador: Mussen P.; Coordenador da edição brasileira: Samuel Pfromm Netto. São Paulo, E.P.U./EDUSP, 1975. Vol. I: Bases biológicas do desenvolvimento. Vol. II: O primeiro ano de vida e as experiências iniciais — I. Vol. III: O primeiro ano de vida e as experiências iniciais — II.
5. Coste, J. *A psicomotricidade*, Rio de Janeiro, Zahar Ed., 1978.
6. Moss, H.A. Sex, age and state as determinants of mother. Infant interactions. *Merril-Palmer Quarterly*, 13 (1): 19-36, 1967.
7. Mussen, P.H.; Conger, J.J. e Kagan, J. *Desenvolvimento e personalidade da criança*. 4.ª ed., São Paulo, Ed. Harper e Row do Brasil Ltda., 1977.
8. Papalia, D.E. e Olds, S.W. *A child's world: infancy through adolescence*. 2.ª ed. N.Y., McGraw-Hill Inc., 1979.
9. Singer, R.D. e Singer, A. *Psychological development in children*. Ed. W. B. Sandus, 1969.
10. Spitz, R. *A formação do ego: uma teoria genética e de campo*. São Paulo, Martins Fontes, 1971.
11. Spitz, R. *O primeiro ano de vida*. São Paulo, Martins Fontes, 1979.

1.2 Psicologia da gestação

Wagner Rocha Fiori

1.2.1 O contexto familiar

Quando uma criança é concebida, já há na mãe e no pai uma organização de fantasias ou de expectativas ligadas à concepção e ao desenvolvimento da criança. Isto é verdadeiro tanto para as gestações programadas, onde as expectativas são explicitadas pelos pais, através das preocupações com a gravidez, com a escolha de nomes, com a preferência de sexo, com as expectativas sobre futuras características físicas, perspectivas de profissão e evolução social, e muitas outras expectativas, quanto para as concepções acidentais. Por que uma gestante solteira provoca aborto, enquanto outra luta contra tudo para ter o filho? Por que alguns pais assumem com intenso prazer o filho-surpresa e outros o desagregam psicologicamente? Por que mulheres, às vezes até muito metódicas, erram na utilização de meios anticoncepcionais? Podemos inclusive tomar o processo pelo contrário: por que muitas mulheres tentam engravidar durante anos, submetem-se a vários tratamentos que acabam revelando-se infrutíferos e, tão logo abandonam as tentativas e adotam uma criança, imediatamente engravidam?

Todas estas questões nos indicam que, se do ponto de vista biológico a gravidez começa com a concepção, do ponto de vista psicológico há uma história do pai e da mãe, dentro da qual já estão reservados padrões de relacionamento a serem estabelecidos com a vinda da criança.

João

João, sete anos, chega ao consultório trazido pela mãe. Os pais são europeus, estabelecidos no Brasil desde que tinha 3 anos. A mãe procura o tratamento às escondidas do pai. As queixas se referem ao baixo rendimento escolar, raciocínio considerado pobre pelas pedagogas, incapacidade de se relacionar com os amiguinhos, fobias e especificamente um terror paralisante diante das cóleras do pai. O pai só comparece após vários meses de tratamento.

Na história do pai encontramos que é de família bem dotada economicamente, com pais e irmãos bem-sucedidos. Ele é uma espécie de ovelha negra da família. Não conseguiu realizar estudos superiores, apesar dos melhores colégios europeus e das tentativas da mãe de sempre ajudá-lo. Tentativas às vezes inadequadas, como interferir junto à direção dos colégios. Há no pai um misto de cólera contra os pais que o sufocam, paralelo a uma posição subserviente de dependência. Dirige empresas que estão em nome da família por um salário quatro ou cinco vezes menor que a realidade de mercado. Os negócios não vão bem, mas, quando esporadicamente assessora outra empresa, é administrador brilhante, recebe excelentes propostas, mas não as aceita.

A mãe, filha de operários, é de uma beleza rara. Como o pai, sofre um domínio sufocante da família, notadamente da mãe. Ao contrário do pai, cuja família dele nada espera, a mãe é levada a uma expectativa alta de realização, mas paradoxalmente dentro de uma postura impotente. Os desejos que a dirigem são os desejos da mãe e não os seus. Não é ela que se realizará, mas a mãe que se realizará através de uma filha impotente.

Do romance decorrente, surge a concepção de João. Para a família do pai é o ponto final das demonstrações de sua incapacidade de fazer algo de bom. É deserdado e, com o casamento, perde seus privilégios anteriores, tendo que sobreviver desempregado às expensas do sogro, apenas um operário. Para a família da mãe, o sonho da "gata borralheira" de ser princesa queda destruído. O príncipe virou sapo. A estória de fadas inverte-se. E resta a vergonha de uma filha solteira, grávida, que deve casar-se às pressas.

Qual poderia ser a evolução deste filho? Seu nascimento destrói um pai impotente, mas colérico. Destrói uma mãe criada para realizar os desejos da avó. Como ser forte, se vencer confirmará de novo a impotência dos pais? Como identificar-se com o pai e formar sua masculinidade, se o pai não o reconhece, e se o pai só surge nas cóleras? Como apoiar-se numa mãe frágil, que teme o pai, que se submete aos avós? João também não pode crescer intelectualmente. Como buscar o saber, se junto com o conhecimento e a compreensão poderá haver a percepção da destruição que causou?

A vinda de um segundo filho faz a redenção do pai com a família. A gestação é completada no Brasil e o pai empossado na diretoria de um grupo de empresas. Um filho brasileiro lhe dá direitos. Na realidade, o pai é novamente manipulado, mas assume como seu este segundo filho que lhe dá conquistas. Como João poderá crescer, se em sua cabeça vê apenas o pai assumindo como filho a criança menor?

Vemos que João não inicia sua vida com a concepção ou o nascimento. Sua evolução já está patologicamente perturbada pela história de vida de seus pais. O atendimento terapêutico que poderia ajudá-lo não teve a aceitação do pai. O pai não concordou com o atendimento, mas permitiu que a mãe o assumisse. Depois de alguns meses, o garoto apresentou boa melhora no rendimento escolar, e os pais suspenderam a psicoterapia. Fato que, infelizmente, é de ocorrência comum. Desaparecido o sintoma externo, interrompe-se o tratamento. Mas o problema central ainda não fora resolvido.

Paulo

Paulo vem para diagnóstico aos seis anos. Forte, agitado, agarrado à mãe, não desce de seu colo. A expressão é de quem está muito perturbado. Não há qualquer possibilidade de contato com ele. Quando a mãe o conduz à minha sala, ele a belisca, puxa-lhe os cabelos, dá-lhe socos. Não quer contato com ninguém. Paulo tem uma lesão auditiva congênita grave. Ouve apenas os ruídos graves. Não entende sons. Várias tentativas de tratamentos e aparelhos foram infrutíferas. Também não consegue relacionar-se com as fonoaudiólogas e seu desenvolvimento da fala, durante muito tempo de tratamento, é pobre. Só a mãe o entende. As crianças com lesões auditivas são muito propensas à manutenção de forte vínculo simbiótico com a mãe. O isolamento e a incapacidade decorrentes de compreender o mundo não raras vezes as levam à psicose.

Os pais se recusam a aceitar a incapacidade do filho. O pai, homem simples e decidido, continua a vê-lo como seu filho, seu companheiro, e um homem que se desenvolverá. Faz sacrifícios quase que impossíveis na luta por sua recuperação, levando-o inclusive para diagnóstico no exterior. São consultados de médicos a médiuns. A mãe o acolhe com amor. Erra ao tentar acertar, pois permanentemente reforça uma ligação simbiótica. Mas acredita nele.

Durante alguns meses a psicoterapia é realizada com a mãe presente. Aos poucos Paulo vai permitindo seu afastamento. Os pais, nas sessões de orientação, mostram excelente compreensão dos processos vividos por Paulo e podem ajudá-lo muito. O tratamento foniátrico progride e as palavras dele são parcialmente compreensíveis. Paulo me relata suas saídas com o pai, as pescarias, o futebol. Às vezes não o entendo e ele se utiliza de desenhos e mímica para me explicar. Sou contra uma escola especial e junto com a mãe conseguimos uma escola comum, com classe pequena, que o aceite. O começo é difícil. A professora me telefona pedindo orientação quase que semanalmente. As notas são inicialmente baixas, mas ao final do semestre Paulo já acompanha razoavelmente a classe. Complementa a percepção de sons com a leitura dos lábios. Mas ainda não pode fazer ditados normais. Oriento a professora para fazê-los com figuras. Ao final do 1.º ano escolar Paulo é aprovado. É excelente aluno em aritmética. Ainda fraco em português. Ao final do segundo ano escolar Paulo é um aluno praticamente normal. "Não entendo como, sendo deficiente, pode ter tanta liderança sobre o grupo", diz-me a professora. O tratamento psicológico tem alta e os pais são orientados para que me procurem, se surgirem momentos críticos. Recebo depois de alguns meses apenas um telefonema para informar que tudo vai bem.

João e Paulo — A fantasia familiar

Vimos dois exemplos extremos. De um lado, uma configuração de fantasia familiar, dentro da qual a concepção do filho concretiza no plano simbólico a destruição dos pais. Por concretização estou entendendo a existência de uma fantasia ou temor não assumido, que de repente vem à tona face a um fato concreto que magicamente o confirme. Por exemplo, normalmente não acreditamos que "quebrar espelhos dá sete anos de azar". Mas, se recebermos uma notícia trágica logo depois de haver quebrado um, magicamente associamos os fatos, e a superstição fica instalada. Da mesma maneira não é este filho que desagrega os pais. Ele apenas faz com que os problemas anteriores, camuflados, aflorem juntos. Fecha-se um círculo vicioso onde os pais se sentem simultaneamente destruídos por seu nascimento, ao mesmo tempo em que, por não poder ajudá-lo, assumem o papel de seus destruidores. A culpa gerada, ainda que inconsciente, torna-se novo foco de angústia que impedirá tanto a reorganização individual dos pais, quanto o adequado relacionamento com o filho.

De outro lado, para Paulo estavam reservados amor e confiança. Um relacionamento adequado dos pais já lhe traçara a estrada de um desenvolvimento sadio. A natureza o levou, destruindo-lhe um órgão fundamental para o desenvolvimento infantil. Pais fortes, não se abateram; e, se erraram, foi na tentativa de acertar. Havia uma ideologia coerente de mundo, transmitida para a criança, dentro da qual estavam claras as mensagens de que ela era amada e de que se confiava nela. Polidas as arestas, Paulo pôde desenvolver seu potencial.

1.2.2 As fantasias e os sintomas específicos da gestação

A mãe é a figura central do desenvolvimento psicológico infantil. O pai só tardiamente é percebido. Paralelamente ao contexto de fantasia familiar, haverá um significado psicológico específico da gravidez para a mãe, significado este que facilitará ou dificultará assumir adequadas relações de maternagem.

Rachel Soifer, psicanalista argentina, em seu *Psicología del Embarazo, Parto y Puerperio,* descreve e sistematiza as várias etapas pelas quais a gestante passa, da concepção ao puerpério, esclarecendo os vários surtos de ansiedades específicas que a gestante tem, bem como as fantasias subjacentes a cada momento.

Para Soifer, toda gestação implica de início em uma ambivalência básica: de um lado o desejo de ter a criança, ou seja, sua aceitação; de outro, a rejeição à gravidez, ou seja, o temor da gestante de ser destruída pela gestação. Note-se que não é uma rejeição específica ao filho, mas sim uma postura defensiva diante dos temores gerados que levam a mãe a fantasias ou sintomas de rejeição. Para ela, os genitais possuem estreita correlação com os processos psíquicos e, quando os padrões de não aceitação da concepção predominam, estabelecem-se vários processos psicanalíticos que impedem a concepção. Por exemplo, contrações uterinas que expulsam o esperma, inflamações tubárias, variações do PH que tornam a vagina e o útero espermaticidas. O pressuposto é então que, quando uma concepção se realiza e é mantida, o desejo de ser mãe é predominante sobre a rejeição. Mesmo que a vinda da criança crie enormes problemas reais e seja rejeitada ao nível consciente, no plano inconsciente e mais fundamental há o desejo de um filho. Devemos acentuar que a relação inversa é igualmente verdadeira, ou seja, qualquer gravidez bem aceita, planejada, oriunda de pais saudáveis, sempre trará consigo alguns temores. As ansiedades aqui serão minimizadas, mas surgirão, e qualquer surto de ansiedade sempre incrementará fantasias ligadas à rejeição da gravidez.

As mensagens de aceitação ou rejeição, embora possam ser explicitadas verbalmente, são basicamente processos inconscientes. Enquanto atuantes a este nível, não as perceberemos formalmente verbalizadas, mas as compreenderemos através de seus sintomas. Um sintoma é uma forma disfarçada de expressar a mensagem que não pode ser dada, ou seja, a mensagem ou o desejo surge sob a forma de um enigma, que impedirá que o sujeito tenha percepção consciente de um processo ansiogênico.

1.2.2.1 A gravidez é percebida antes do seu diagnóstico

Antes da confirmação clínica da gravidez, ou mesmo nos casos em que a concepção surge de surpresa e a gestante não tem consciência de que está grávida, vários sintomas surgem, indicando que a gravidez já está mobilizando a organização psíquica. Os principais sintomas são a hipersonia, o tema dos sonhos, o aumento do apetite, as náuseas, diarréia e a constipação intestinal. Examinemos o significado de cada sintoma:

Hipersonia e regressão

Quando observamos uma mãe em seu relacionamento com o recém-nascido, imediatamente nos chamam a atenção os comportamentos infantis desta mãe. Ela balbucia para falar com o filho, seus comportamentos são mais corporais do que verbais. Sente prazer em manusear a criança ao limpá-la dos excrementos, conduta esta que causaria repulsa em grande parte das pessoas. Percebemos então que esta mãe, de certa forma, se infantilizou.

Este processo, que tecnicamente chamamos de regressão, tem por finalidade adaptar o psiquismo da mãe à compreensão e atendimento das necessidades infantis. A criança jamais poderá formalizar em termos adultos seus desejos e necessidades. A natureza desenvolve, portanto, a evolução de um processo regressivo materno, através do qual o diálogo filho-mãe poderá ser estabelecido. O processo não é apenas regressivo: é também um processo de identificação. A criança é como que sentida como uma extensão da mãe. Este nivelamento através de uma afetividade infantil é um ponto fundamental da maternagem. Quando negado ou inexistente, não só é indicador de patologia materna, como dificultará para a criança o estabelecimento dos vínculos de amor com a figura básica de seu desenvolvimento inicial. Com freqüência temos acompanhado o tratamento de crianças problemáticas, onde esta relação afetiva inicial foi substituída por uma postura técnica e profissional das mães. São com freqüência filhos de médicas, pedagogas, psicólogas, onde tecnicamente foi dada a melhor orientação possível aos filhos, mas faltou a interação afetiva básica. Estas crianças são praticamente criadas como "filhos dos manuais".

As alterações hormonais que se sucedem à concepção são inconscientemente percebidas, antes mesmo do conhecimento formal da gravidez. Um dos primeiros sintomas a surgir é o incremento do sono. Este aumento do sono é um sintoma normal, positivo, que indica simultaneamente a existência de dois processos psíquicos ligados à gestação. Em primeiro lugar, no dizer de Mary Langer, demonstra uma identificação fantasiada com o feto, ou seja, ele é sentido como algo pequeno, permanentemente como uma extensão da mãe que dorme. E o sentir sono, o dormir junto, é estar compartilhando do mesmo processo. Neste sentido, a hipersonia é um sintoma de aceitação da gravidez que se inicia. Paralelamente, este sintoma indica o início do processo da regressão materna. Ou seja, a mãe inicia a adaptação afetiva que lhe permitirá sentir-se como o bebê, para poder compreendê-lo nos seus desejos e necessidades.

Há ainda um terceiro fator presente na hipersonia, que é o início da organização defensiva que se mobilizará contra as ansiedades específicas da gestação. Repousar é desligar-se do mundo externo, das preocupações e ansiedades, bem como possibilitar um fortalecimento orgânico, sempre importante para enfrentar os momentos de crise.

O tema dos sonhos

As gestantes, mesmo neste período que antecede a descoberta da gravidez, trazem dois temas básicos em seus sonhos. O primeiro, cuja relação simbólica é clara, povoa seus sonhos de filhotes de animais e crianças. O segundo diz respeito ao próprio processo da gestação. Sonham com objetos continentes, por exemplo, interior de casas, veículos onde há gente dentro, carteiras, bolsas ou outros objetos onde há coisas dentro. Todas estas coisas, notadamente a casa, são objetos que simbolicamente representam o corpo da mãe. São objetos cuja finalidade é abrigar outros em seu interior.

O curioso, no processo, é que esta percepção inconsciente da gestação é de alguma forma transmitida para o pai e os irmãos maiores. As crianças apresentam-se com manhas, terrores noturnos, ataques à mãe, por exemplo disfarçados no brinquedo de vir correndo e pular na barriga da mãe. Uma conhecida psicanalista de crianças nos relatou em comunicação pessoal o caso de um garotinho, seu cliente, que de repente começou a querer vasculhar todas as suas gavetas e a sistematizar brincadeiras com filhotes de bichinhos. Ela pergunta então à mãe se está grávida e esta, surpresa, diz que está com a menstruação atrasada, que não sabe se está grávida ou não, e que não disse nada nem ao marido. Duas ou três semanas depois, a mãe traz a notícia de que a gravidez fora clinicamente confirmada.

Ao nível do marido, os sonhos já surgem com características persecutórias. Por exemplo, sonhar que já foi despedido e contrataram outro para seu lugar, ou que há um rival querendo roubar alguma coisa que é sua. Vemos que o marido já está psiquicamente engajado na gestação, de certa forma engravidando psicologicamente junto com a mulher. Estes sonhos persecutórios devem ser analisados em dois níveis. Num primeiro, são uma reação à retração da mulher, que se afastará progressivamente dele para colocar a criança no foco de suas atenções. Num segundo nível, indica uma regressão do marido ao ponto de seu desenvolvimento psicológico onde foi mais difícil enfrentar a competição de um terceiro, ou seja, ao seu próprio complexo de Édipo. A relação triangular que se estabelecerá trará ressonâncias de sua própria vida passada, durante a resolução de seu Édipo. O processo é ambíguo, porque ama o filho e sente que será amado por ele, como ama e foi amado por seu pai. Mas também odiou seu pai como um competidor, na luta simbólica pela posse da mãe, e temeu ser por ele castrado. Assim, teme o ódio e a destrutividade de seu filho, bem como os seus, atualizando suas angústias não resolvidas durante a fase edipiana.

Fome, náuseas, diarréia e constipação

Os processos psíquicos tendem a ser globalizantes. Quando algum modelo de relação se estabelece, não o faz, em geral, apenas para um segmento da personalidade, mas todas as relações internas e, portanto, toda decorrente interação com o mundo, passam a sofrer interferências desta modalidade de relação estabelecida. Vimos acima que o nascimento de um filho gera um triângulo familiar que faz com que o pai retome suas angústias edípicas passadas. No caso da mãe, a regressão que, *a priori,* está a serviço de uma maternagem adequada, fará com que, paralelamente, a estrutura afetiva regredida da mãe seja particularmente sensível à retomada de suas angústias passadas.

A criança, durante suas etapas iniciais de vida, nutre não apenas um grande vínculo de amor pela mãe, mas também apresenta crises de ódio e destrutividade. Tratamos introdutoriamente destes aspectos no primeiro volume desta coleção e o aprofundaremos progressivamente dentro de nossa proposta de acompanhamento evolutivo da criança. Por ora, basta-nos saber que não só a criança deseja o seio, como nas crises de fome e de dor fantasia ataques destrutivos ao seio, onde as armas são principalmente os dentes, as fezes e a urina. O seio, e depois a mãe, são ambígua e paralelamente assimilados como bons, e atacados como maus. Se as angústias despertam o instinto de morte e se a mãe constitui o objeto básico da relação inicial, quanto maiores as angústias do início da vida mais ficam fixadas as fantasias de que a mãe foi atacada ou destruída, e, em contraponto, pelo retorno da destrutividade projetada, mais ficam fixadas as fantasias de que a mãe atacou ou destruiu a criança. ....

Toda gestante possui então uma história passada onde, paralelamente aos momentos de prazer, houve momentos onde a angústia e a destruição estiveram presentes em seu relacionamento fantasiado com a mãe. Estamos utilizando o termo relacionamento fantasiado porque para o desenvolvimento afetivo o que importa é a realidade psíquica. A realidade externa objetiva, exceto se muito patológica, serve em geral para concretizar as fantasias que o psiquismo está gerando. Nenhuma mãe "média" é totalmente boa ou má. A criança pode tomar como preponderante ou os seus aspectos bons ou os maus. Isto depende de vários fatores, como a capacidade congênita de crescimento (força de Eros, ou do instinto de vida), de fatores circunstanciais (doenças da criança ou da mãe, afastamentos acidentais, etc...) e das atitudes globais da mãe.

Devemos ter claro que a gestante está com um filho presente. Ainda não nasceu, mas já há o relacionamento afetivo dela com um filho. Estamos portanto num binômio mãe-filho, tal qual a gestante teve com sua própria mãe. Se ela está regredindo a modelos afetivos infantis, está também retomando as angústias vividas na relação com sua própria mãe. E estes conflitos são atualizados na relação que agora estabelece com seu próprio filho. Se em sua fantasia sente que atacou e destruiu sua mãe, agora terá o sentimento de que será atacada e destruída por este filho. Se a inveja e a voracidade foram sentimentos que a dominaram durante seu aleitamento, deve ter restado um sentimento de que, para crescer, esvaziou e destruiu a mãe. Este sentimento poderá ser agora atualizado, ficando a fantasia de que, para crescer, o filho a destruirá. As angústias geradas durante a gestação são basicamente organizadas como atualizações das angústias vividas pela gestante, quando ainda bebê, em seu relacionamento com a mãe.

Todos estes processos são inconscientes. Manifestam-se basicamente através de sintomas orais e anais, visto que estes períodos carregam os aspectos mais destrutivos (e também mais cheios de amor) da fantasia infantil. Ao nível oral a fome aparece como um sintoma de aceitação. A gestante come desbragadamente, alegando que está comendo por dois. Ora, no final da quarta semana o embrião tem apenas 5 mm de comprimento. Ao fim do 2.º mês, apenas 25 mm. É óbvio que a grande quantidade de comida extra não está sendo usada para alimentar o feto. A fantasia determinante é a de pôr coisas boas dentro do corpo, ou seja, a de ter coisas boas dentro do corpo. Daí as tarefas árduas dos maridos de procurarem raros e saborosos quitutes, às vezes fora de época e hora, para satisfazer suas esposas.

A náusea, ao contrário, surge como um sintoma de que algo inteiro é sentido como mau e precisa ser eliminado. É comum pessoas sentirem náuseas diante de situações deprimentes. Mas voltamos a frisar que, face à ambiguidade emocional diante da gravidez, é normal coexistirem tanto a fome (aceitação) quanto as náuseas (rejeição). Normalmente, a fome passa a estar sob controle e as náuseas desaparecem ou diminuem com a evolução do processo. A permanência de um nível alto de náuseas e vômitos é indicativo de que a gestante necessita atendimento psicoprofilático voltado para o parto.

A constipação e a diarréia são correlatos anais da fome e da náusea. A constipação se manifesta como uma tentativa de reter dentro de si um produto que é precioso. É um sintoma de aceitação mas, se exacerbado, além dos problemas físicos decorrentes, pode estar indicando uma tentativa de aprisionamento simbiótico do filho. Isto poderá ser um sintoma de problemas futuros, ou seja, a mãe não permitirá que a criança se desligue e construa sua identidade pessoal. Na diarréia, tal qual na náusea, há no sintoma físico a tentativa de expelir um processo interno ansiógeno. Note-se que o que se tenta expulsar é o processo que gera a angústia, e não o filho. Mas, quando estes sintomas de rejeição são intensos, há alto risco de aborto. O mecanismo de defesa psicológico foi inadequado e exacerbado.

1.2.2.2 Outros momentos críticos da gravidez

Rachel Soifer acompanha cada etapa específica da gestação, analisando as fantasias e os sintomas correlatos. Apresentarei apenas três outros períodos críticos da gestação, por me parecerem os centrais na evolução psíquica da gestação: a placentação, a instalação dos movimentos fetais e os últimos dias antes do parto.

Placentação

A nidação e a placentação são processos que biologicamente poderíamos classificar de parasitismos. Não são processos de trocas, mas processos nos quais um organismo se instala no outro, sugando-o para prover seu próprio desenvolvimento. Fazem parte do psiquismo infantil fantasias de roubar (sugar, esvaziar pela voracidade e inveja) e ser roubado. Os processos psíquicos parecem sempre se originar de processos biológicos de base, pelo menos em sua origem. Por isso, sempre dizemos que o psicológico é anaclítico ao biológico. Se no desenvolvimento biológico da gestação existe um processo orgânico de parasitagem, isto criará condições de base para a emergência de fantasias persecutórias. Neste momento os sonhos das gestantes traduzem fantasias típicas de estarem sendo roubadas e esvaziadas. Este é um momento crítico dentro da gestação. Se os sintomas de rejeição (náuseas e diarréias) persistirem, um acompanhamento psicológico da gestação, bem como as orientações e informações concretas às gestantes serão necessários como psicoprofilaxia do aborto.

A movimentação do feto

A motilidade surge no feto a partir do 4.º mês. Em geral ainda não há a percepção consciente destes movimentos. Grande parte das gestantes os percebem durante o 5.º e algumas só no 7.º. Várias ansiedades estão ligadas à percepção destes movimentos, e é um mecanismo defensivo normal o embotamento de sua percepção, ou seja, a negação. Assim, estes movimentos que são inconscientemente percebidos, podem ser negados no plano da percepção consciente. Nos casos mais graves, esta negação pode ser somatizada através da contração dos músculos abdominais, numa tentativa fantasiosa de impedir a movimentação do feto. Se estas contrações musculares, que são inconscientemente provocadas, persistirem durante a continuação do processo, poderão interferir na rotação do feto, deixando a criança em posição atípica para o parto.

O conflito aceitação-rejeição que acompanha a gravidez será agora sintomatizado na verbalização. Algumas mães se utilizarão de frases carinhosas para indicar os movimentos. Dirão que a criança as está alisando, está se aninhando, ou que parecem borbulhas gostosas. Outras os descreverão como chutes, cutucadas, não sendo raro ouvir frases como "está me entortando a costela" ou "está me amassando o rim". A verbalização pode ser tomada numa relação direta. As verbalizações positivas ou prazeirosas, como manifestação da dimensão de aceitação; e as negativas ou agressivas, como manifestação da rejeição.

Com a movimentação fetal surge também a percepção concreta de que o feto está vivo, ou seja, a consciência de que se está dando à luz uma nova geração que emerge. Esta consciência trará várias fantasias específicas que envolverão diferencialmente marido e mulher. Em primeiro lugar, emerge a responsabilidade materna, ou seja, a preocupação com as características que terá a futura criança. Note-se que, no plano da fantasia, a criança é sentida muito mais como produto da mãe do que do pai. Para isto podemos apontar, de um lado, raízes na evolução filogenética da fantasia, ou seja, a capacidade masculina de fecundar as mulheres só é descoberta tardiamente na história da evolução humana. Nos grupos mais primitivos a formação do bebê era de responsabilidade exclusiva das mulheres. De outro lado, raízes atuais, em que, pelo fato de carregar o nascituro no ventre durante 9 meses e por nutrir sua formação da concepção ao nascimento, o bebê acaba sendo fantasiado muito mais como um produto materno do que como um produto dual. Embora esta preocupação também surja nos pais, é notadamente intensificada nas mães. Um meio concreto de se confirmar este dado consiste em verificar como os pais suportam melhor o nascimento de uma criança lesionada do que as mães.

Quanto melhores tiverem sido as relações iniciais da gestante com sua mãe, em geral menor será o temor de deformação fetal. Digo em geral porque fatores concretos tais como malformação uterina e doenças genéticas na família agravarão o temor. Ernest Jones, já no início do século, havia caracterizado que, das relações hostis mãe-filha, pode ficar na criança o sentimento de que está destruída sua capacidade de sentir prazer ou de obter gratificação genital. Melanie Klein amplia depois a compreensão destas relações, mostrando que a estrutura central da fantasia decorrente é o temor de ter destruído os órgãos internos da mãe, ou de que a mãe destruiu os seus. À medida que predominou a angústia, ou seja, os ataques destrutivos fantasiados nas relações iniciais, perdurará na mulher a fantasia de que seu interior é destruído ou destrutivo. O filho, produto de seu interior, poderá ser fantasiado como atingido por esta destrutividade. Na prática, isto aparecerá por uma reação maníaca, ou seja, a mãe verbalizará e apregoará que terá um filho maravilhoso, forte, saudável, sensível, inteligente. É interessante como estas afirmações vêm precedidas claramente por mecanismos de negação dos temores. A mãe dirá coisas assim: *"não estou preocupada, porque sei que tudo irá dar certo... jamais tive a preocupação de que será defeituoso e acho que será muito bonito..."*, etc. É senso comum em psicologia que as afirmações precedidas de negação normalmente indicam um temor que não está sendo percebido. Quando pedimos a estas mães que nos relatem seus sonhos, neles encontramos estes temores presentes de forma direta ou simbolizada.

A consciência de que se está produzindo uma nova geração desperta igualmente no pai e na mãe o temor de sua própria morte. A fantasia básica subjacente é a de que, uma vez posta no mundo a geração futura, a geração atual cumpriu sua tarefa e inicia seu trajeto rumo à morte. A sucessão de gerações, ou seja, o ciclo de vida, procriação e morte faz parte do ciclo evolutivo da natureza. O suporte para a fantasia é filogenético. Mas não deixa de apresentar modelos defensivos atuais, por exemplo, a postura filicida faz parte não só das mitologias (Cronos come seus filhos para que não cresçam e tomem seu lugar), como também das estruturas sociais modernas, onde a geração dominante cria barreiras à ascensão dos grupos jovens. O vestibular é um exemplo típico do modelo social de contenção da geração emergente.

Ao nível da mulher, a condensação destas ansiedades é o temor de morrer no parto. Ao nível do homem, o temor fica mais difuso, por falta de um suporte concreto. Temos observado que este constitui um momento crítico na estrutura psíquica do marido, sendo que muitos abandonos de lar ocorrem nestes momentos. A ansiedade não definida provoca uma defesa inadequada, e o marido foge.

A movimentação fetal acentua também a configuração de uma relação triangular pai-mãe-filho. Isto atualiza os conflitos passados referentes à fase fálica, ou seja, ao triângulo edípico. Muitas das expressões utilizadas pelas mães para descrever os movimentos soam como sensações masturbatórias. Se a ansiedade edípica aumenta, dois sintomas ficam típicos. O primeiro é evitar o relacionamento sexual, pois com isto afasta-se a idéia de sexualidade; portanto, evitam-se as fantasias incestuosas. O segundo é o "enfeiamento" da gestante. As roupas horríveis, chinelos, anda mal arrumada e penteada. Esta deselegância traz simbolizada a mensagem de que "sou feia, portanto não sou sexualmente atraente, portanto não me envolverei numa sexualidade incestuosa".

Ao nível do pai, a atualização do édipo traz vários conflitos e sintomas. Um primeiro é, como defesa, cindir a imagem feminina em mulher-mãe e mulher-sexual. Passa a evitar relacionamento sexual com sua esposa, idealizada como mulher-mãe, e inicia casos extraconjugais, em geral com prostitutas, onde é muito concreta e definida a imagem da mulher-sexual. Vejam que, se falamos em retomada das ansiedades edípicas, devemos ter presente que o temor de castração está presente. Nesta situação, o temor de castração se concretiza no temor de uma vagina dentada, que poderá castrá-lo na penetração. Discutimos em detalhes esta fantasia masculina no primeiro volume desta coleção, quando tratamos dos mitos das sereias e iaras. Esta fantasia, se exacerbada, poderá causar a impotência masculina diante da mulher grávida. Durante vários anos supervisionamos cerca de duzentas entrevistas anuais, realizadas por nossos alunos das Faculdades Metropolitanas Unidas, com gestantes e parturientes. É interessante como são freqüentes estes episódios de impotência e, em geral, racionalizados como um "temor de ferir a criança".

Uma outra característica do psiquismo masculino neste momento é o aparecimento da inveja da fertilidade feminina. Da mesma forma que há na mulher uma inveja básica do pênis, tão exaustivamente explorada por Freud, outros psicanalistas, notadamente Melanie Klein, descrevem o correlato masculino como uma inveja da capacidade que a mulher tem de gerar um filho em seu interior. Esta inveja é inconsciente, aparecendo neste momento como uma curiosidade ou preocupação em acompanhar o que está acontecendo dentro da mulher. O pai então tenta escutar o bebê, falar com ele, apalpá-lo ou acompanhar seus movimentos. Este processo é fundamental para o desenvolvimento do sentido de paternidade. Podemos observar facilmente nos grupos mamíferos que em geral apenas a fêmea assume a cria. Parece que o instinto materno é inato. O paterno deve ser desenvolvido. E a inveja da mulher, ao motivar este acompanhamento da gestação, faz com que o homem também sinta a gestação como sua, assumindo portanto o filho como seu e desenvolvendo o sentido de paternidade.

O final da gestação

À medida que o momento do parto se aproxima, se a ansiedade predominou na gestação, acirram-se os conflitos básicos já discutidos. Apenas três aspectos nos parecem um acréscimo importante. Em primeiro lugar, o temor de morte passa a ser não só uma fantasia de transição de gerações, mas também um temor específico de morrer no parto. Apenas há poucas gerações que as mulheres estão livres deste risco. Antes dos desenvolvimentos da cirurgia, das anestesias e dos antibióticos, o risco de morrer no parto era razoavelmente grande. Agora este risco parece menor do que o de morrer em um acidente automobilístico mas, dentro do pensamento coletivo, o temor do parto permanece.

Em segundo lugar, o desenvolvimento rápido do feto provoca alterações bruscas do esquema corporal, e sabemos que estas alterações provocam sensações de estranheza, interferem na organização espaço-temporal e atualizam núcleos psicóticos de despersonalização. Devemos lembrar que isto não acontece apenas com a gestante. As engordas rápidas, ou os emagrecimentos rápidos, também as provocam. O mesmo fenômeno se dá com o desenvolvimento físico brusco do adolescente inicial.

Em terceiro lugar, a interrupção das relações sexuais, situação que freqüentemente ocorre neste período final, contribui para a elevação da ansiedade. Rachel Loifer afirma que as relações sexuais devem ser mantidas até os últimos dias por três motivos básicos. Em primeiro lugar, porque mantêm a harmonia conjugal ao diminuir os ciúmes, tanto os do marido com relação ao filho, quanto os da mulher com relação aos possíveis casos extraconjugais do marido. Em segundo lugar, porque, sendo o orgasmo a maior fonte de descarga de tensão do adulto normal, a manutenção da capacidade orgástica e libidinosa da mulher propicia momentos de prazer, relaxamento e tranqüilidade dentro de um processo que tem seus aspectos ansiógenos. Em terceiro lugar, porque o exercício sexual mantém a flexibilidade dos músculos perineais, o que facilita a distensão no momento do parto.

1.2.3 Conclusão

Tentamos explicitar que a vida psíquica da criança não parte de um marco zero com o nascimento. As estruturas psíquicas do pai e da mãe já reservam para a criança um lugar pré-determinado. Também os conflitos evolutivos não resolvidos de cada um serão atualizados durante a gestação e terão importância fundamental nas expectativas ou fantasias parentais. Ao nascer, a criança não está livre para se desenvolver. Ela crescerá com o amor e fantasias positivas que os pais nela depositam, mas também reagirá e sofrerá as crises decorrentes do lugar persecutório que ocupa nas fantasias parentais. Isto nos deixa algumas lições básicas. A primeira é a de que só poderemos compreender a patologia infantil se tivermos a compreensão das fantasias familiares ligadas a esta criança. A segunda é a de que uma psicoterapia infantil terá sua probabilidade de sucesso ampliada, à medida que os conflitos dos pais, notadamente os correlatos à criança, possam ser suportados por uma aconselhamento terapêutico. E em terceiro lugar, muitas patologias familiares e conflitos prejudiciais ao desenvolvimento infantil seriam evitados com o atendimento do casal em uma psicoprofilaxia de parto.

1.2.4 Leituras recomendadas

As leituras indicadas neste segundo volume pressupõem o embasamento teórico tratado no primeiro. É necessário que os conceitos básicos de psicanálise estejam adquiridos, para que o acompanhamento da leitura mais especializada possa resultar proveitoso.

1. Mannoni, M. *A criança atrasada e sua mãe*. Lisboa, Moraes Ed., 1977. A autora, psicanalista teoricamente filiada ao grupo de Lacan, analisa o contexto da fantasia familiar e suas decorrentes implicações na patologia infantil.

2. Soifer, R. *Psicología del embarazo, parto y puerperio*. Buenos Aires, Kargioman, 1976. Rachel Soifer analisa neste trabalho, etapa por etapa, as reações psíquicas e sintomas existentes na mãe, no pai e nos filhos, decorrentes da gestação. O trabalho propõe ainda as bases da psicoprofilaxia da gestação e parto.

3. Dolto, F. *Psicanálise e Pediatria*. Rio de Janeiro, Zahar, 1972. A autora discute em linguagem simples o desenvolvimento da libido, para em seguida exemplificá-lo com vários casos clínicos.

4. Abrahan, K. *Teoria psicanalítica da libido*. Rio de Janeiro, Imago, 1970. É uma coletânea de vários textos teóricos de Abrahan. Neles, Abrahan desenvolve e aprofunda os conhecimentos deixados por Freud referentes às etapas pré-genitais de desenvolvimento.

5. Segal, H. *Introdução à obra de Melanie Klein*. Rio de Janeiro, Imago, 1975. A autora, professora de psicanálise do Instituto de Psicanálise de Londres, apresenta neste trabalho uma síntese das aulas por ela ministradas sobre Melanie Klein. Este livro oferece uma visão panorâmica e didática que facilita o posterior contato com as obras específicas de M. Klein.

Capítulo 2

Desenvolvimento emocional e social na primeira infância

2.1 Desenvolvimento físico na infância

Clara Regina Rappaport

O conhecimento, em profundidade, do desenvolvimento físico na infância não é tão importante para o psicólogo. Este deverá, entretanto, ter noções básicas do tamanho, peso, capacidades sensoriais e motoras de cada faixa etária. Isto porque obviamente o comportamento será sempre decorrente das capacidades desenvolvidas pelo organismo, principalmente nos primeiros anos de vida, quando a criança não terá ainda pensamento conceitual, mas será dotada de uma inteligência sensorial-motora. Assim, na infância inicial (0-18 meses) o próprio desenvolvimento intelectual estará diretamente ligado à maturação do sistema nervoso central, à capacidade de receber e apreender impressões sensoriais, de executar movimentos, etc.

Neste sentido, podemos afirmar que o desenvolvimento físico é altamente dependente da maturação, embora possa ser influenciado positiva ou negativamente por fatores ambientais.

Por maturação queremos nos referir às forças biológicas geneticamente programadas que direcionam o crescimento em tamanho, a emergência e o controle de movimentos, a integração das impressões sensoriais, a possibilidade de sentar, andar, controlar os esfíncteres, segurar um lápis, executar corretamente os movimentos da escrita, falar, andar de bicicleta, etc., e que aparecem na mesma seqüência para todos os indivíduos da espécie.

Houve durante muitos anos uma controvérsia na psicologia a respeito de comportamentos inatos ou aprendidos, da atuação predominante da hereditariedade ou do meio ambiente na determinação de comportamentos emergentes na infância e mesmo na idade adulta. Esta discussão se mostrou estéril, persistindo hoje um ponto de vista interacionista, ou seja, tanto hereditariedade como meio direcionam o desenvolvimento. Vejamos um exemplo. O desenvolvimento físico é fortemente dependente do código genético. A criança ao nascer traz uma tendência para ser alta ou baixa, gorda ou magra. Estas potencialidades serão atualizadas ou não em função do tipo de alimentação oferecido à criança, da prática de exercícios físicos e de esportes, da ocorrência ou não de certas doenças, etc. Mas, se o ambiente for favorável, a criança com tendência para alta estatura irá desenvolvê-la.

Já no caso de outras capacidades, como, por exemplo, a linguagem, o processo é mais complicado. A linguagem depende também da maturação biológica, pois não há processo de estimulação ambiental que faça um bebê de 6 meses falar. Mas se uma criança tiver maturação biológica e não receber estimulação ambiental (cognitiva, afetiva e social), poderá apresentar retardamento na aquisição da linguagem ou vários tipos de perturbação, como gagueiras, dislalias, etc.

Assim sendo, é preciso ficar claro que o desenvolvimento físico e motor na primeira infância é altamente dependente da maturação biológica, mas é também suscetível à atuação ambiental. Lembramos também que exporemos apenas alguns dados fundamentais a respeito destes aspectos do desenvolvimento, pois uma descrição mais detalhada foge aos objetivos deste trabalho e pode ser encontrada na bibliografia pertinente.

O bebê que tem sido, tradicionalmente, visto como sujeito passivo, dependente, apresenta já ao nascer diversas características físicas e comportamentais que direcionam a atividade de outras pessoas. A sua aparência e fragilidade mesmo têm o poder de eliciar nos adultos comportamentos que o protegem. Assim sendo, as posições mais recentes dentro da Psicologia do Desenvolvimento têm considerado o bebê como sujeito ativo desde o nascimento. A chegada de um bebê vai exigir uma adaptação em termos emocionais e comportamentais de todos os elementos da família e esta adaptação ocorrerá em função de características de personalidade dos adultos ou de outras crianças da família, mas também daquelas já presentes no bebê. Sabe-se que certas características como maior ou menor nível de atividade (dimensão da personalidade denominada temperamento por alguns autores), ritmo de sono, alimentação, etc., estão presentes logo após o nascimento apresentando variações individuais.

Exemplificando, alguns bebês dormem muito e choram pouco (o que é bastante freqüente nas meninas), enquanto outros dormem menos e choram mais (principalmente os meninos). Obviamente será mais fácil para uma mãe, notadamente a primípara, adaptar-se a uma criança tranqüila. Aquele bebê que chora muito, solicita excessivamente a presença da mãe, impedindo-a de dormir, realizar trabalhos domésticos ou outras atividades, pode em alguns casos levar a mãe (e o pai) à exaustão, resultando daí um sentimento consciente ou inconsciente de rejeição — e culpa (Bell, 1974). Ora, já vimos que as primeiras semanas de vida são fundamentais no estabelecimento da ligação afetiva mãe-criança. Se a criança é particularmente difícil (como no caso de um excesso de choro e de solicitação) este vínculo poderá ter aspectos negativos. É importante considerar que a qualidade do vínculo mãe-criança não depende apenas de características de personalidade da mãe, mas também daquelas trazidas pelo bebê já ao nascer, e da interação destes fatos. Explicando melhor podemos verificar que determinadas características de uma criança se tornam difíceis para uma mulher mas não o são para outra, como por exemplo o sexo da criança. Parece comprovado que os bebês masculinos, embora mais desejados pelos pais antes do nascimento, são geralmente mais ativos e mais exigentes do que os bebês femininos (geralmente mais dóceis). Mas, nem todas as mulheres experimentam dificuldades para cuidar de seus bebês masculinos, e parece, inclusive, segundo dados experimentais (Moss, 1967), que estes são mais beijados e acariciados por suas mães do que os bebês femininos.

Esta questão da interação mãe-criança é sem dúvida bastante complexa e será tratada mais detalhadamente nos demais capítulos. Queremos lembrar apenas que no caso de crianças que apresentam deformidades físicas ou mentais já nos primeiros meses de vida, o estabelecimento do vínculo mãe-criança torna-se particularmente difícil para a mãe. (Isto será facilmente entendido se considerarmos todas as fantasias presentes durante a gestação e o parto.)

Concluindo, lembramos mais uma vez que todos os aspectos do desenvolvimento são interligados e interdependentes e que a divisão por aspectos (físico, emocional, social, intelectual) é meramente didática.

2.1.1 Equipamento inicial

Existem grandes variações no tamanho e no peso dos bebês, bem como no seu ritmo de crescimento. Pesam ao nascer, em média, entre 3 kg e 3 500 kg, e têm aproximadamente 50 cm de altura, sendo os bebês masculinos ligeiramente maiores e mais pesados do que os femininos. Os recém-nascidos de mães carentes do ponto de vista nutritivo podem apresentar pesos mais baixos.

O crescimento em altura e peso é rápido e intenso (desde que a criança tenha uma alimentação adequada), podendo atingir ao final do 1.º ano de vida 70 cm de comprimento e 9 kg de peso. Ocorrem, nesta fase, grandes modificações nas proporções do corpo (a cabeça do recém-nascido tem 1/4 do tamanho total do corpo, enquanto no adulto esta proporção é de 1/10; suas pernas são curtas em relação ao tamanho do tronco e por isso se desenvolvem mais rapidamente), na estrutura neural e muscular.

Ao nascer, a criança é dotada praticamente de todos os sentidos e "está biologicamente pronta para experimentar a maioria das sensações básicas de sua espécie" (Mussen e col., 1977). Pode ver (embora obviamente não identifique qualquer objeto, distingue luz e sombra, acompanha os movimentos de uma luz, etc.), ouvir (é freqüente a utilização pelas mães de cantigas de ninar ou mesmo de música para acalmar os bebês), cheirar, tem sensibilidade à dor (onde ocorrem grandes diferenças individuais), ao tato e às mudanças de posição. Quanto ao gosto, se não estiver presente no momento do nascimento, irá se desenvolver logo após (observamos reações de desagrado quando administramos um medicamento de sabor desagradável a crianças de poucos dias).

Quanto ao comportamento, a criança será capaz de chorar em qualquer situação de desconforto, tossir, espirrar, vomitar, sugar, virar para o lado quando sua face for estimulada. Apresentará inúmeros comportamentos reflexos que dão indício da adequação do desenvolvimento de seu sistema nervoso central. Alguns destes reflexos têm valor de sobrevivência (como é o caso do reflexo de sucção) e irão permanecer no repertório comportamental do bebê (transformando-se eventualmente em esquemas sensoriais motores). Outros reflexos que podem ser citados: *preensão* — consiste em fechar a mão quando nela colocamos qualquer objeto (o dedo por exemplo); *andar* — segurando o bebê na posição ereta ele dará alguns passos; *nadar*. Estes dois últimos desaparecem enquanto comportamento reflexo respectivamente com 8 semanas e 6 meses de idade, voltando a aparecer mais tarde como comportamento voluntário.

Outro reflexo interessante e que deve desaparecer em torno de 3 meses de idade é o reflexo de Moro, que consiste numa resposta de abrir os braços, esticar dedos e pernas em resposta a um som intenso ou a qualquer estímulo repentino e forte. E o de Babinski, que consiste em curvatura do artelho maior para cima e os menores se estendem abertos, quando a sola do pé é estimulada.

2.1.2 Necessidades básicas

Sono. Embora existam discussões teóricas a respeito da necessidade de sono da criança, sabe-se que suas finalidades básicas consistem em regular o corpo, manter o equilíbrio na constituição quí-

---
[1] Ver descrição mais detalhada dos reflexos no item 5 da bibliografia.

mica e preservar as energias do organismo para as atividades subseqüentes.

No 1.º mês de vida o bebê dorme aproximadamente 80% do tempo, em sonecas curtas e irregulares; no final do 1.º ano dormirá 50% do tempo, isto é, a noite toda e uma ou duas sonecas curtas durante o dia. É óbvio que esta evolução será lenta e gradual.

Quanto aos padrões de sono, as crianças apresentarão, desde a mais tenra idade, diferenças individuais em função de seu nível de atividade, drogas anestésicas administradas à mãe durante o parto e sexo (lembramos que os bebês femininos usualmente dormem mais tempo que os bebês masculinos).

Eliminação. A eliminação das fezes e da urina será, no início da vida, totalmente reflexa e involuntária. Nos primeiros dias evacuará após toda mamada e ao redor da 8.ª semana deverá evacuar 2 vezes ao dia.

O tipo de alimentação oferecido ao bebê irá influenciar sua eliminação e também as reações da mãe. Quando o bebê recebe aleitamento natural terá uma digestão mais completa com movimentos intestinais suaves e suas fezes não apresentarão odor desagradável. Já no caso da alimentação artificial, as fezes apresentam odor desagradável e todo o processo de troca de fraldas e higiene da criança torna-se penoso para a mãe.

Um problema geralmente associado à eliminação é a presença de cólicas intestinais. Spitz, após seus estudos de observação de bebês e suas mães, sugeriu que aquelas crianças que apresentavam muitas cólicas eram filhas de mães ansiosas, que sentiam dificuldades no desempenho de suas tarefas maternais. Outros estudos, entretanto, sugerem que a presença ou ausência de cólicas se deve a uma disposição temperamental da criança, ou seja, a seu nível de atividade. Assim sendo, uma criança que apresenta elevado grau de cólicas no início da vida, possivelmente será hiperativa mais tarde. Neste sentido a interpretação é inversa àquela dada por Spitz. Isto é, não seria a ansiedade da mãe a responsável pelas cólicas do bebê. Mas sim o alto nível de atividade deste (do qual as cólicas seriam uma manifestação) é que provoca a ansiedade da mãe, exigindo maior contato no sentido de cuidados, e menos no de interação social.

Fome e sede. Estas necessidades são fundamentais do ponto de vista psicológico, porque implicam relacionamento social e emocional (que será descrito no capítulo referente à fase oral). Manifestam-se através de choro e de movimentos violentos de todo o corpo. Nas primeiras semanas, a criança ingere pequena quantidade de alimento (que se restringe basicamente ao leite) e, portanto, precisa ser alimentada a intervalos curtos (geralmente a cada 3 horas, ocorrendo variações individuais na freqüência e quantidade da alimentação). Até a década de 40 aproximadamente, as mães costumavam amamentar seus filhos sempre que chorassem e que este choro fosse interpretado como fome. Após o advento e o desenvolvimento do behaviorismo, os princípios de instalação e controle de comportamento foram divulgados para os pediatras e o grande público (em revistas femininas, por exemplo) e as mães passaram a ser orientadas no sentido de manter um horário rígido de amamentação (por exemplo, a cada quatro horas).

Atualmente considera-se que, se o bebê tiver uma mãe que capta seus sinais e responde adequadamente a eles, a mãe saberá quando seu filho precisa ser alimentado. Este, por sua vez, em poucos dias desenvolverá naturalmente um ritmo adequado de alimentação. Não há, portanto, necessidade de se estabelecer rigidamente um horário de amamentação e tampouco de a mãe estar sempre à disposição de seu filho. Isto porque, quando a mãe sente que deve estar sempre agindo em função do bebê, sem realizar qualquer outro tipo de atividade, poderá sentir-se frustrada como pessoa e desenvolver uma hostilidade consciente ou inconsciente em função da excessiva exigência do bebê.

Em torno de 30 dias de idade, a criança se torna capaz de ingerir maior quantidade de leite em cada refeição, passando a necessitá-lo aproximadamente 5 ou 6 vezes por dia apenas. A partir desta época, os pediatras costumam sugerir o início da administração de suco de frutas, e, em torno de 4 meses, o início da alimentação sólida (sopas, papas de frutas, etc.).

Parece estar comprovado que, quando a criança é alimentada naturalmente, não há necessidade de qualquer outro tipo de alimento até a idade aproximada de 6 meses.

2.1.3 Desenvolvimento psicomotor

O desenvolvimento motor é o resultado da maturação de certos tecidos nervosos, aumento em tamanho e complexidade do sistema nervoso central, crescimento dos ossos e músculos. São, portanto, comportamentos não-aprendidos que surgem espontaneamente, desde que a criança tenha condições adequadas para exercitar-se. Queremos com isto dizer que, apenas em casos de extrema privação (ou de algum tipo de distúrbio ou doença), estes comportamentos não se desenvolverão. Crianças criadas em caixotes ou quartos escuros (por mais incrível que pareça, têm-se várias notícias a este respeito) ou em creches de péssima qualidade, onde as crianças são mantidas *sempre* em seus berços, sem qualquer estimulação, não desenvolverão o comportamento de sentar, andar, etc. na época adequada.

Coste (1978) relaciona entre as principais funções psicomotoras as seguintes: desenvolvimento da estruturação do esquema corporal (mostrando a evolução da apreensão da imagem do corpo no espelho e a exploração e reconhecimento do próprio corpo); evolução da preensão e da coordenação óculo-manual (evolução da fixação ocular; preensão e olhar); desenvolvimento da função tônica e da postura em pé; reflexos arcaicos além da estruturação espaço-temporal (tempo, espaço, distância e ritmo).

Seria importante realçar que esses aspectos de desenvolvimento físico não ocorrem mecanicamente apenas. São vivenciados pela criança (e pela família) e formam a base da noção de eu corporal. Sim, porque obviamente um indivíduo, uma personalidade, existe a partir de um determinado corpo (embora algumas abordagens ainda enfatizem, disfarçadamente, o dualismo mente-corpo) e o que acontece neste corpo é apreendido pelo sujeito (através de algum mecanismo intelectual) e tem repercussões emocionais. Queremos nos referir ao conhecimento que a criança vai tendo de seu próprio corpo, à formação de sua imagem corporal e aos sentimentos que são despertados por esta ou aquela característica. Como exemplo podemos lembrar a valorização que a beleza física tem em nossa sociedade. Possivelmente uma pessoa bonita terá um fator a mais no sentido de desenvolver uma auto-imagem positiva do que uma pessoa desprovida desta beleza. Certas profissões dependem fundamentalmente da qualidade da aparência. Outro exemplo que poderíamos lembrar é o do adolescente cheio de espinhas, com excesso de peso, etc., que terá dificuldades em se tornar popular em seu grupo de amigos.

Assim sendo, ao estudar o desenvolvimento físico de um bebê, devemos estar atentos também aos aspectos intelectuais, emocionais e sociais.

Sabemos que uma das funções básicas do desenvolvimento na primeira infância é o conhecimento do próprio corpo, e a colocação deste corpo entre os demais objetos e pessoas do ambiente circundante. À medida que o bebê se auto-explora (olhando para suas mãos, executando vários tipos de movimento, etc.) estará formando um esquema de si próprio que podemos designar como *eu corporal*. Esta noção de eu corporal irá incluir também os afetos positivos e negativos que o bebê terá a respeito de si mesmo, e, como este autoconceito inicial irá depender fundamentalmente da reação das pessoas do ambiente (principalmente a mãe), vemos que de fato a separação do estudo do desenvolvimento humano em aspectos é meramente didática.

2.1.4 Bibliografia

Ver Bibliografia do capítulo 1, seção 1.1.

2.2 Organização afetiva inicial: fase oral e amamentação

Wagner Rocha Fiori

2.2.1 A fase oral

2.2.1.1 A descoberta da afetividade oral

As descobertas da psicanálise seguiram uma caminho inverso ao processo de evolução. Partindo do estudo das neuroses, notadamente da histeria, Freud descobre que há, em todo neurótico, perturbações da genitalidade. Isto o levou a concluir que há um padrão de sexualidade adulto ou, melhor dizendo, genital, que constitui a base da organização afetiva normal. É deste padrão de sexualidade, desta evolução da libido para uma genitalidade plena que o homem saudável se define como aquele que é capaz de "amar e trabalhar". Amar num sentido amplo tanto envolve os prazeres das atividades sexuais quanto os da constituição familiar, procriação e preparo ou formação dos descendentes que virão a sucedê-lo.

Trabalhar implica nos derivativos sublimados da sexualidade. De um lado, produzir, seja bens ou cultura, é eternizar sua permanência no mundo, tal qual o faz na constituição da geração seguinte. Cada empresa que se desenvolve, cada produto que é concluído, cada técnica desenvolvida, cada colheita obtida simbolicamente correspondem a um produto seu, que permanece, que o serve, que serve ao grupo e que serve à preservação da vida. De outro lado, o trabalho representa a mobilização dos processos secundários do Ego, é dar ferramental e suporte para que as sublimações se realizem. É permitir que a sexualidade primitiva evolua não só para a sexualidade genital, mas face à plasticidade da libido, evolua, para satisfazer-se em relações produtivas e adequadas à sobrevivência do grupo humano.

Estes padrões eram perturbados nos neuróticos e, progressivamente, Freud passa a observar que a sexualidade não partia do nada para brotar espontaneamente no adulto. Freud descobre que na infância as fantasias sexuais já se manifestavam. Era uma sexualidade fantasiada que se organizava em torno do grupo familiar. A configuração do triângulo edípico propiciava a organização de base para a sexualidade adulta. Os quadros histéricos traziam como pano de fundo uma vivência inadequada deste período de sexualidade infantil, posteriormente denominado de fase fálica. Assim, a partir de um trabalho clínico, primeiro ficam identificados os padrões da genitalidade adulta, e depois uma fase infantil, que é básica para sua organização. Entre os dois se estabelece um período onde a sexualidade é contida, ou melhor, reprimida, denominado período de latência.

Com a continuidade destes tratamentos e com a tentativa de compreender e tratar quadros mais graves — ou seja, a neurose obsessiva, a paranóia, a melancolia e a própria esquizofrenia — foram sendo descobertos traços de que já havia uma organização afetivo-sexual infantil anterior à sexualidade centrada nos genitais. Verifica-se que o conjunto de instintos voltados para o prazer, que chamamos de libido, tinha em cada etapa evolutiva da vida uma correlação com as estruturas biológicas que formavam o centro do processo maturacional no momento. Assim são descritos traços de organização psíquicos correspondentes aos segundo e terceiro anos de vida, período típico do domínio muscular voluntário, do andar, do falar, das primeiras produções pessoais, que na fantasia infantil se acham profundamente associados com os primeiros produtos que ela pode expulsar ou reter em seu corpo, ou seja, as fezes e a urina. Associados aos fracassos nestas aquisições, a psicanálise descobre a organização de núcleos patogênicos que mais tarde poderão desencadear a neurose obsessiva e a paranóia.

Os traços afetivos da organização infantil mais precoce, referentes ao desenvolvimento do primeiro ano de vida, foram os que apresentaram maior dificuldade de serem discriminados e compreendidos. Em primeiro lugar, por situarem-se no período mais primitivo da vida, sendo portanto mais difíceis de serem rememorados. Em segundo lugar, porque este período corresponde a um período pré-verbal da existência, havendo portanto a necessidade de uma evolução na teoria dos símbolos para sua compreensão. Em terceiro lugar, porque nos é difícil, como adultos, senão por um grande esforço de introspecção e imaginação, compreender o sentido das emoções infantis. E finalmente porque, embora estes traços estejam presentes nos adultos, só com o desenvolvimento das técnicas ludoterápicas, notadamente o trabalho de Melanie Klein, com a psicoterapia de crianças pequenas, que se pode estar mais próximo da organização afetiva inicial. A organização afetiva do primeiro ano de vida, período denominado pela psicanálise de fase oral, terá sua organização básica proposta por Freud. Karl Abrahan se deterá em seu exame, discriminando melhor seus mecanismos e modalidades de relação. Melanie Klein, notabilizada como analista de crianças, dará o grande modelo teórico de compreensão deste período.

2.2.1.2 A organização da libido

O reflexo de sucção é inato, sendo desencadeado pela colocação do mamilo ou outro objeto na boca da criança. Um toque realizado com o dedo, no rosto da criança, fará com que esta se volte para tentar sugar o objeto que a está tocando. Os toques em outras regiões do corpo com freqüência provocarão o mesmo reflexo. De uma maneira geral, podemos deduzir que, biologicamente, o impulso destinado à alimentação é um fator central da organização infantil inicial. E é exatamente ao nível dos reflexos alimentares que a busca de adaptação ao mundo e a procura de prazer são profundamente correlacionados.

Outros grupos reflexos coexistem neste momento. Dentro dos reflexos posturais vemos que a criança já possui estrutura automatizada para o andar. Um recém-nascido, seguro pelas mãos e conduzido de pé para a frente, apresentará a coordenação alternada e reflexo do movimento de pernas. Há um núcleo reflexo, posteriormente dominado pela organização voluntária, sobre o qual se estruturará o andar. O reflexo tônico-cervical-assimétrico do recém-nascido, que o deixa na clássica posição de esgrimista, ou seja, tortinho, com uma perna encolhida e uma mão diante do rosto, servirá de suporte para as correlações mão-boca e conhecimento da mão, dados fundamentais para as praxias iniciais.

Mas este grupo de reflexos não tem a conotação de prazer apresentado pelos alimentares. O mesmo se pode dizer dos reflexos defensivos. Por exemplo, diante de um ruído forte o bebê se encolhe rapidamente e em seguida atira as pernas e braços para fora. Não é difícil ver a correlação com nossos processos defensivos físicos onde, num primeiro momento, nos protegemos e, num segundo, tentamos expulsar a fonte da agressão. Esta postura defensiva fica ainda mais clara quando picamos a planta dos pés de um bebê com uma agulha. Reflexamente ele retira o pé. Mas, se este pé estiver seguro, ele encolhe a outra perna e em seguida a estica na direção do pé magoado. Parece-nos claro que todos os grupos reflexos estão ligados ao progressivo processo de construção do real, notavelmente estudado e descrito pelo grupo de Piaget. Mas o vínculo do prazer, suporte para o desenvolvimento da afetividade, é neste momento uma correlação oral. É em cima do prazer inicial, da satisfação tida com a amamentação, que se aprenderá a amar e que se aprenderá a desenvolver os vínculos de amor em seguida dissociados da exigência biológica básica de alimentação. Freud organiza a descrição das fases de evolução da libido em seu *Três ensaios para uma teoria sexual* (1903). Neles, o termo fase oral ainda não aparece, mas Freud já descreve vários aspectos da afetividade oral, estruturados sobre a amamentação. Dá como suporte as descrições efetuadas pelo pediatra Lindner, onde os vínculos de prazer ligados à amamentação são excepcionalmente bem descritos. Quase que apenas lhe falta uma síntese teórica para se antecipar a Freud. Mostra Lindner como todo envolvimento, a expressão de prazer e êxtase durante o processo de amamentação são similares às manifestações orgásticas do adulto.

Vimos observando até agora que, tanto ao nível dos reflexos quanto ao nível dos vínculos de prazer externamente percebidos, a organização oral é o elemento central da motivação infantil inicial. Quando utilizamos o termo motivação, temos claro que estamos criando a impressão de uma dicotomia no ser humano, dicotomia que teria, diante das situações de vida, de um lado a capacidade cognitiva de elaborar e resolver problemas e, de outro, o impulso que dá a energia para que a situação de vida seja enfrentada. Não cremos pessoalmente nesta dicotomia humana, mas ao nível dos atuais conhecimentos da psicologia, Piaget (e seguidores) emerge como o teórico da construção do real, portanto da evolução da cognição humana; e Freud e seguidores são os responsáveis pela descrição evolutiva normal e patológica da afetividade. Nesta dimensão afetiva, o vínculo oral é claramente percebido como o ponto central do vínculo humano de prazer.

A evolução da libido é, portanto, o tema central do desenvolvimento para a psicanálise. A fase oral é então definida como a etapa de desenvolvimento onde a libido está organizada sob o primado da zona erógena oral, dando como modalidade de relação a incorporação. Isto significa que o centro da organização afetiva está determinado por processos introjetivos. Mamar e sentir prazer é sentir que o leite é bom, que o seio é bom, que a mãe é boa e que o mundo é bom. A sua sensação de que está bem é correlata à de ter colocado dentro de si objetos do mundo externo que são bons. O seio e a mãe podem ser sentidos como bons porque foram incorporados. A incorporação é a modalidade primitiva da introjeção, portanto dependente de referenciais concretos. Por isso, a maternagem é fundamental para que a criança se sinta adequada, amando e sendo amada. O vínculo básico da maternagem é a amamentação. Erik Erikson diz que neste momento a criança ama com a boca e a mãe ama com o seio.

2.2.1.3 As etapas orais

Karl Abrahan, psicanalista do grupo freudiano, aprofunda-se nas idéias iniciais de Freud sobre a fase oral e nela discrimina duas etapas básicas de desenvolvimento da libido. A primeira é chamada de fase oral de sucção, e corresponde a um período de relações afetivas pré-ambivalentes, que cobrem basicamente o primeiro semestre de vida; ou, num correlato biológico, vai do nascimento ao período inicial da dentição. O segundo semestre do primeiro ano corresponderá à etapa oral sádico-canibal, iniciada a partir da dentição, onde as fantasias agressivas serão correlacionadas com a percepção do objeto inteiro, ou seja, com o surgimento da ambivalência (a mesma mãe é boa e má), e com a dentição, ou seja, a percepção do primeiro momento de agressão ou destrutividade real da criança.

A etapa oral de sucção

A criança funciona basicamente incorporando o universo que a rodeia. Não o discrimina coerentemente, e o mundo de suas vivências é o mundo interno das fantasias. Não há vínculos com objetos externos inteiros. Eles são apreendidos de forma parcial e organizados pela realidade interna. O que é apreendido é sentido como parte integrante do eu. O mundo é buscado para ser incorporado, reduzindo-se a algo "digerido", indissociado dos sentimentos bons ou maus que a relação desperta.

A relação incorporativa estabelecida é a base da introjeção. O seio, a mãe, as relações boas que deles emanam passam a fazer parte do mundo interno da criança. Ela sente que as coisas que recebe em seu interior são boas, e sente-se boa. Como o que importa é a realidade interna, este sentimento de amor ou de bom é utilizado para permear as primeiras percepções do mundo externo, ou seja, os objetos percebidos são sentidos como bons. Simplificando, o processo fica assim: incorporo e me sinto bom, projeto para ver o mundo "externo", porque este só é percebido através da minha realidade psíquica; e, portanto, por me sentir bom posso ver a minha mãe boa; como eu a vejo especularmente, ligo-me a ela. Este processo, que chamamos de identificação projetiva, constitui a base da configuração dos vínculos de amor, da configuração inicial da identidade e do reasseguramento dos sentimentos positivos que permitirão a progressiva evolução da libido através das várias fases.

Embora a genitalidade domine a organização afetiva adulta, podemos perceber que vários traços orais são mantidos, permeando os relacionamentos afetivos dos adultos. O beijo é ainda o símbolo central do engajamento amoroso. Expressamos nele o traço do vínculo afetivo original mais forte que foi desenvolvido. O beijo não fecunda, não é elemento biológico necessário para a perpetuação da espécie. É, sim, vínculo do engajamento amoroso, constitutivo da organização afetiva familiar humana. Chamar a mulher amada de "docinho" ou o homem de "pão" são verbalizações denotadoras dos traços orais que permanecem na genitalidade. Isto é igualmente válido para a expressão "comer alguém" como indicadora do relacionamento sexual. Homens mandam bombons para as namoradas. Mulheres prendem os homens "pelo estômago"; o traço oral persiste.

Ao nível masculino, o prazer obtido com o seio é mantido, expandindo-se para o prazer de se relacionar com o corpo e os genitais femininos. A mulher se estrutura como objeto desejado e fonte de prazer. Ao nível feminino, sentir que as coisas que recebe em seu interior são boas prepara-a para a sua futura genitalidade receptiva. Receber o homem em seu interior será sentido como fonte de prazer e gratificação.

A gratificação oral inicial também pode ter sido sentida como insatisfatória ou insuficiente. Isto criará permanentemente a expectativa de que receber o mundo externo, ou se relacionar com ele, será fonte de angústia ou de sofrimentos. Discutiremos algumas destas modalidades quando tratarmos da amamentação. Interessa-nos agora a mais grave delas: a esquizofrenia. Temos examinado que o mundo externo só pode ser progressivamente conhecido e amado a partir dos vínculos de maternagem. A criança pode nascer tão frágil, tão sensível à angústia ou, como dizemos analiticamente, com predominância do instinto de morte sobre o de vida, que quaisquer oscilações da maternagem repercutirão como processos destrutivos, fazendo-a regredir e isolar-se em seu mundo interno de fantasias. Também a criança com uma propensão normal ao desenvolvimento sadio pode sofrer uma maternagem tão desestruturadora e agressiva, que não seja capaz estabelecer vínculos significativos com a mãe e, portanto, com os demais objetos do mundo externo.

Nestes casos ocorre um isolamento. Não ocorre o desenvolvimento de vínculos, e a realidade externa passa a ser rejeitada. Todo prazer, ou melhor, toda segurança, só pode existir dentro do mundo interno de fantasias. O externo não forma um todo coerente, as discriminações são fragmentárias e parciais. As apreensões parciais são modeladas e integradas em uma realidade interna, de fantasias, que é sentida como a única realidade. Os processos mentais são os do inconsciente. O Ego não se fortalece, o processo secundário não se estabiliza. O desejo, o temor, as fantasias organizam-se como a realidade do pensamento. A configuração da identidade não se pode formar.

Este não é um fenômeno do "tudo ou nada". Em maior ou menor grau, todas as pessoas sofreram frustrações orais que as marcaram de maneira mais ou menos profunda. Estatisticamente o pico da incidência dos surtos esquizofrênicos está situado no período final da adolescência. Isto significa que o indivíduo tem uma certa capacidade para resistir aos picos mais críticos das angústias iniciais e para continuar seu processo de desenvolvimento, que pode até aparentar-se normal para a percepção externa e leiga. Mas um ponto de fixação foi criado, ou seja, grande parte da energia da libido foi imobilizada neste momento. Os desejos não satisfeitos conservam-se sempre, como uma energia presa que não pode ser elaborada. A repressão que se forma, para não permitir a emergência dos desejos ou da destrutividade que é sentida junto com eles, imobiliza outro tanto de energia. Com isto, ficam também presas a este ponto as fantasias deste momento e as modalidades de relação com o mundo que o caracterizam, e, mais particularmente, das defesas que foram mobilizadas contra a angústia.

Embora o desenvolvimento aparentemente prossiga, o indivíduo se torna frágil. Parte de sua energia vital está imobilizada, e seu desenvolvimento prosseguirá sendo estruturado pela energia restante. O Ego será mais frágil e não terá tanta força para enfrentar as futuras crises. Assim, não é que a estrutura narcisista e cindida da criança permaneça linearmente. Melanie Klein mostra inclusive que o pensamento infantil é psicótico, mas neste momento isto representa uma etapa adequada do desenvolvimento infantil. É exatamente o que Freud chama de narcisismo secundário que irá configurar a doença. Freud utiliza um correlato biológico para exemplificar o processo. A ameba é uma massa fechada. Emite pseudopoder, para contactuar e incorporar os objetos externos, que são trazidos para dentro dela. Mas enquanto a ameba vai permanentemente fazendo suas incorporações por este contato, o psicótico recolhe para dentro de si as apreensões externas, recolhe suas possibilidades de novas ligações, e o mundo externo perde o sentido.

A etapa oral-canibal

Este segundo período oral é introduzido na obra de Freud por Karl Abrahan. Se antes a criança apenas incorporava, e suas modalidades agressivas existiam apenas no plano da fantasia, agora, com a vinda dos dentes, a agressividade será concretizada. Os dentes surgem rasgando as gengivas, provocando dor, febre e angústia. A oposição do primeiro dente com as gengivas fere. O dedo é levado à boca e mordido, e a sensação de morder e ser mordido traz a percepção de que concretamente se pode destruir. Os alimentos são mordidos e triturados para serem ingeridos. O seio da mãe se retrai com a mordida, e concretiza-se a fantasia de que a agressividade destruiu o seio, a mãe, o objeto de amor.

O processo é em si adaptativo, como qualquer procedimento humano característico. Não o fosse, e o padrão se teria extinto, ou a própria adaptação da espécie estaria em perigo. É necessária certa dose de agressividade para entrar no mundo, atacá-lo em suas oposições e moldá-lo às necessidades do organismo. A agressividade faz parte do desenvolvimento do processo secundário. Mira y Lopez utiliza em seu modelo de teoria da personalidade, suporte teórico de seu Psicodiagnóstico Mio-Kinético (PMK), o termo combatividade para definir a adequada elaboração da agressividade nas relações com o mundo.

As fantasias destrutivas podem, porém, predominar. Isto ocorre sempre que a angústia predomina sobre o amor, que a dor predomina sobre o prazer. A relação com o mundo passa a ser sentida como uma relação onde tudo o que se consegue é atacado e destruído. A amamentação perdida é o seio que foi incorporado e destruído. A mãe pode ser perdida ou pela destruição ou por ser protegida do contacto destruidor. Nada satisfaz porque, se incorporado, foi destruído e não serve mais. Muitos adultos vivem dentro desta modalidade. Discutiremos os traços desta modalidade de incorporação com destruição quando tratarmos do desmame. Agora nos prenderemos à organização da dimensão mais grave desta modalidade, ou seja, a melancolia.

A melancolia está estruturada dentro da modalidade de incorporação com destruição. A dimensão de destruir apresenta, ao nível da fantasia, uma modalidade dupla. De um lado, o sentimento de que somos maus e destruidores, ambivalente ao sentimento sempre existente de que somos bons. Isto na prática aparecerá como um sentimento simultâneo de destruição e de culpa porque, paralelo ao ódio, existe o amor pelo objeto destruído. Logo, o objeto de relação será ambivalentemente estruturado como um objeto mau e bom ao mesmo tempo. Como estamos dentro de uma modalidade oral, portanto introjetiva, isto significa que, quando o objeto ambivalente é atacado, ou seja, na crise de ódio ou de destrutividade, o objeto é cindido e seu aspecto mau é introjetado. Por exemplo, a mãe é externamente preservada e idealizada como tendo apenas características boas, e a mãe má é introjetada. Normalmente o que introjetamos é sentido como nosso, ou seja, a introjeção é seguida pela identificação. Isto explica a estrutura autodestrutiva do melancólico. Ataca permanentemente o objeto mau que foi introjetado e com o qual se identifica. A estrutura superegóica é rígida e os ataques autopunitivos e a autodepreciação acusatória constituem, portanto, uma compensação pela destrutividade. O sentimento de compensação gera prazer, e, portanto, o melancólico goza sua autodestruição. O modelo é similar às procissões medievais de autoflagelamento, onde a dor é prazeirosa, porque redime a maldade e o pecado. A onipotência, como característica primitiva, estará presente. Já que não pode ser o maior objeto de amor, será um monstro de destrutividade.

O melancólico grave, em seus delírios, sente-se responsável por toda maldade do mundo.

Abrahan mostra que para a emergência da melancolia são necessários vários fatores, cada um dos quais podendo isoladamente pertencer a qualquer estrutura patológica. São eles:

1) Um fator constitucional. A maior ou menor força dos instintos de vida, ou seja, uma predisposição inata para o desenvolvimento, poderá em maior ou menor grau enfrentar ou sucumbir às frustrações durante o desenvolvimento dos vínculos.

2) Uma fixação da libido no nível oral. A organização oral exacerbada fixará uma modalidade onde toda troca é oral. Encontramos estes traços nos prazeres anormais no ato de comer, nas manipulações da boca e maxilares que acompanham as tarefas difíceis, ou seja, é necessário um prazer oral diante de cada dificuldade.

3) Uma grave lesão ao narcisismo infantil, provocada por sucessivos desapontamentos amorosos. Aqui a fragilidade constitucional e a fixação oral somam-se às frustrações reais ou fantasiadas. Um desmame inadequado, a vinda de um irmão, os afastamentos da mãe, as internações. A frustração exacerbará as modalidades defensivas orais.

4) A ocorrência do primeiro desapontamento amoroso antes que os desejos edipianos tenham sido superados. Dentro da evolução da libido, a criança evolui para a configuração do triângulo edípico. Neste momento, as frustrações provocarão uma regressão dos vínculos edípicos à modalidade oral-canibalesca, ou seja, os processos de cisão, introjeção e identificação recairão maciçamente sobre os objetos fundamentais de amor: a mãe e o pai.

5) A repetição do desapontamento primário na vida ulterior. É o que temos indicado sempre como o fator desencadeante. O desapontamento amoroso, o fracasso financeiro e os acidentes farão com que a regressão seja estabelecida, permitindo a emergência do surto melancólico. Uma angústia atual, que não pode ser suportada, desencadeará a regressão.

A angústia do melancólico não pode ser indefinidamente suportada. Os processos onipotentes ligados à autodepreciação e autodestruição são periodicamente revertidos para a modalidade onipodepressão. Se para o melancólico o superego era exacerbado, para o tente contrária, ou seja, a mania surge como uma defesa contra a maníaco ele desaparece, e o ego frágil cede aos desejos vividos como realidade. A identificação com o objeto destruído é negada e surgem apenas as dimensões de amor, felicidade e poder. Ao ciclo destas oscilações alternadas de melancolia e mania damos o nome de psicose maníaco-depressiva.

2.2.2 Amamentação

As implicações da amamentação como vínculo central da maternagem já foi discutida em vários níveis teórico-evolutivos. Tentaremos agora examinar alguns aspectos práticos da atuação materna e suas conseqüências no desenvolvimento infantil. Em primeiro lugar, é importante ter claro que estamos tratando de uma modalidade oral, ou seja, as fantasias ligadas à amamentação são o núcleo da maternagem, mas não a própria maternagem. Estas fantasias são organizadoras do mundo interno da criança e correlacionam-se apenas fragmentariamente com a realidade externa e objetiva. Se o desenvolvimento fosse diretamente correlacionado ao processo externo objetivo, a criança seria tão mais ajustada quanto maior fosse a quantidade de leite produzida e a duração do aleitamento. Isto não é verdade. O relacionamento com a mãe é primordialmente qualitativo. Não importa apenas dar o seio. O que importa é como o seio é dado, como as solicitações paralelas da criança são atendidas, ou seja, não se está apenas incorporando o leite da mãe, mas também sua voz, seus embalos, suas carícias. O bebê discrimina mais a mãe pelo cheiro e pela voz, do que pelo olhar, visto que o rosto humano só será discriminado no 4.º mês. As carícias da mãe não só proporcionam intensa sensação de prazer, como vão progressivamente dando à criança a configuração de seu próprio corpo; portanto, vão auxiliando a configuração do esquema corporal. O eu da criança começa a configurar limites, ou seja, a ter existência própria pelo contorno que lhe é dado pelo corpo materno.

As crianças criadas em instituições, apesar de todos os cuidados alimentares, higiênicos e médicos, andam tardiamente, falam tardiamente, possuem um esquema corporal prejudicado, têm dificuldades de estabelecer ligações significativas e como fonte de satisfação usam freqüentemente condutas auto-eróticas, portanto regredidas. Por exemplo, os balanceios e as ritualizações rítmicas de movimentos. O leite e o asseio não são em si suficientes para o desenvolvimento sadio. Mamar deve ser acompanhado de um ritual prazeiroso de conhecimento de uma figura amada e permanente. O mesmo é válido para os cuidados higiênicos e os jogos. Por isto fracassam tanto os programas institucionais onde voluntárias esporádicas vão brincar com as crianças.

Estamos frisando que, ao nível da figura materna, o ponto fundamental é a presença de uma mulher que seja figura estável, que seja capaz de dar amor e que seja, ao nível qualitativo, capaz de compreender e atender as solicitações básicas feitas pela criança. Não utilizamos o termo mãe, mas sim figura materna, porque este é o elemento fundamental para a criança. Não importa se a mãe é verdadeira ou não ao nível biológico. Importa, sim, que seja uma figura capaz de criar laços estáveis de amor e de confiança na relação estabelecida com o bebê. Alguns padrões básicos de relacionamento, como os estabelecidos com a mãe, com o pai e com o triângulo edípico, são estruturas inatas da criança, que para serem desenvolvidas requerem basicamente a existência de uma mulher e de um homem adequados e estáveis.

Da mesma forma, não é dado único partir-se de que o seio real seja indispensável para o desenvolvimento psicológico sadio. A maternagem é um processo global de envolvimento mãe-filho. Caso a mãe não possua leite, ou mesmo em caso de filho adotivo, é o relacionamento amoroso e corporal como totalidade que alimentará os processos introjetivos da criança. Portanto, mesmo não havendo leite no seio, a mãe será adequada se puder amar e se puder repetir todo o ritual existente na amamentação real. Tomar o filho ao colo nu é dar-lhe um contato pele a pele prazeiroso e configurador. Falar com ele, embalá-lo, acariciá-lo, tudo lhe dará não só a própria configuração, mas também o ajudará a organizar e amar o objeto primordial de toda sua evolução afetiva: sua mãe.

Com freqüência, a ausência de aleitamento materno está correlacionada a problemas emocionais no desenvolvimento. Julgamos que não é especificamente a falta do leite do seio que provoca estes problemas, mas exatamente por existirem, ao nível da mãe, distúrbios emocionais sérios, cujos sintomas implicam na rejeição do filho, é que, por somatização, o leite desaparece. Mesmo ao nível da sabedoria popular conhecemos a expressão indicadora de que "o leite secou" em conseqüência de susto ou frustração violenta. As angústias inconscientes poderão bloquear a formação do leite. Sabemos também que na origem do aleitamento há influências hormonais (pró-lactina) e de estimulação local. Por exemplo, em algumas tribos são as mulheres idosas que amamentam todas as crianças. A constante estimulação local mantém o fluxo de leite quase que indefinido. Também na Idade Média, as damas de leite eram escolhidas entre moças solteiras e sem filhos. Como amamentar não era uma função nobre, tão logo chegava a hora de nascer um sangue azul, as donzelas punham os irmãos menores (e os namorados) a prover estimulação local. O leite jorrava, ela e sua família eram levadas para o castelo, resolvendo-se a sobrevivência da família.

Queremos com isto mostrar que o prazer que a mulher tem de dar o seio e a estimulação resultante das amamentações regulares constituem a base da manutenção do leite. Ora, as mulheres que evitam dar o seio, que o retiram ao primeiro intervalo da criança, que desnecessariamente ficam buscando alimentação complementar que espace a amamentação, são mulheres que em geral têm este desempenho como sintoma de uma rejeição inconsciente da criança. Estamos ressalvando, é lógico, os casos onde a miséria e o trabalho materno impedem o processo. É portanto julgamento precipitado atribuir os problemas psicológicos evolutivos à carência de aleitamento materno. Pensamos que o que faltou não foi o leite, mas a mãe, no sentido pleno da palavra. Podemos voltar às instituições, onde o suporte da mamadeira é o travesseiro, onde a enfermeira não se relaciona com uma criança, mas com vinte ou trinta traseiros a serem lavados. A criança não evolui, não porque o aleitamento seja artificial, mas sim porque inexiste a mulher permanente que ama e que se engaja na relação com o filho.

Em seu processo de desenvolvimento, a criança apresenta uma seqüência definida na evolução de seu mundo psicológico, ou seja, o momento de interrupção da amamentação concretizará diferentes posturas no relacionamento com o mundo. Posturas estas que, embora iniciadas nestes momentos, tenderão a se expandir para todo desenvolvimento futuro, ou seja, todas as modalidades de relações futuras poderão estar permeadas por este processo. Teremos, então, quatro momentos diferenciais na interrupção da amamentação.

a) interrupção correta;
b) interrupção precoce;
c) interrupção no surgimento da dentição;
d) amamentação anormalmente prolongada.

a) Interrupção correta

É senso comum, tanto para a pediatria quanto para a psicologia, que a amamentação deve perdurar até o sexto mês. O desmame deve começar por volta do terceiro mês, quando é iniciada a introdução de sucos e papinhas. Progressivamente as refeições infantis o vão substituindo, até que ao final do sexto mês o seio pode ser deixado.

O seio, primeiro objeto de amor e ponto de partida para o desenvolvimento das relações objetais, não pode ser perdido, antes que outros objetos possam ser amados e valorizados para servirem de suporte a esta perda fundamental. Por volta do terceiro mês a criança já está estabelecendo suas relações com a mãe. Para Melanie Klein, situa-se entre o terceiro e quarto mês a passagem da posição esquizo-paranóide para a posição depressiva, ou seja, as apreensões cindidas passam a ceder lugar à apreensão de objetos inteiros. O relacionamento prazeroso, ainda que dependente do seio, já pode ser efetuado com a mãe como um todo. O pai passa a ser percebido, constituindo nova fonte de relacionamento prazeroso. Os alimentos que são progressivamente introduzidos também dão prazer. Os brinquedos começam a existir como fonte de prazer, embora neste momento só existam quando dentro do campo perceptual da criança. O objeto permanente, ou seja, a capacidade de manter na memória os objetos que saem do campo visual só estará estabelecido aos oito meses. Mas, mesmo assim, os brinquedos e os jogos corporais são fontes de prazer.

Podemos perceber então que o seio só pode ser perdido quando existirem outras fontes de satisfação e ligações afetivas que compensem a perda. O desmame progressivo permitirá que os novos vínculos sejam progressivamente estabelecidos, à medida que o vínculo inicial com o seio for sendo reduzido. A criança sentirá a perda. O desmame é, provavelmente, a maior frustração de nosso desenvolvimento afetivo. Se perdido, porém, o seio, restam mãe e pai amorosos e adequados; se perdido o leite, ganha-se a possibilidade de todos os outros alimentos; se perdido o prazer de sugar, ganha-se o de morder, o de jogar; a frustração é assimilada porque os ganhos são maiores do que a perda.

b) Interrupção precoce

Quando a amamentação é interrompida antes que surjam outros vínculos de prazer que permitam suportar a frustração, o sentimento que fica é um sentimento de carência, uma sensação de que é preciso comer, é preciso incorporar e de que o que é recebido não basta. Para preencher estar falta, é preciso sempre buscar relações onde as pessoas ou objetos sejam um eterno vertedouro de prazer e alimento. Quando este sentimento se acentua, e isto poderá ocorrer tanto por uma fragilidade constitucional da criança, quanto porque a maternagem como um todo não é sentida como satisfatória, teremos o desenvolvimento de uma postura oral captadora.

O tipo oral captador permanece na eterna expectativa de poder apenas se amamentar em todas as relações que estabelece. O caçador de dotes ou genrocrata é um exemplo social típico. Não pode estabelecer vínculos afetivo-genitais com as mulheres, ou melhor, sequer as pode perceber direito. Só pode vê-las como fonte de riqueza, de segurança econômica e social, de prazer culinário. O cáften é seu desdobramento psicopático. Também funcionam assim as mulheres que avaliam seus homens pelos carros, jóias e propriedades das quais poderá usufruir. Os glutões, os beberrões, os toxicômanos participam também da postura de uma eterna tentativa de satisfação oral. Cumpre salientar que como regra geral são todos sexualmente frios. Não desenvolvem a modalidade genital.

c) Interrupção no surgimento da dentição

O surgimento da dentição marca o aparecimento da concretização da agressividade e da destrutividade. Já discutimos anteriormente estes aspectos. Ao nível da amamentação, é um risco, para a evolução psicológica da criança, que o desmame seja interrompido em conseqüência das mordidas. Ao nível do pensamento infantil, o processo é sentido como se a criança, ao tentar se relacionar com o objeto de prazer, o tenha destruído e perdido. A criança gosta de mamar, e neste momento gosta também de morder. Ao morder, a mãe retira o seio. Sucedem-se mordidas e interrupções, até que o seio é definitivamente retirado. Fica o sentimento de que o objeto de prazer foi usado e destruído.

A fixação desta modalidade de incorporação com destruição poderá produzir tipos sociais eternamente insatisfeitos com suas conquistas. Uma vez conquistado um objetivo, é como se este houvesse sido destruído e tivesse deixado de existir como fonte de prazer.

Os eternos primeiranistas de faculdade são em nosso meio social um exemplo típico. Luta-se por uma faculdade de engenharia, por exemplo, que é abandonada após o primeiro ano; sucedem-se entradas igualmente insatisfatórias em dois ou três cursos diferentes até que por pressão da vida acaba-se por permanecer em algum, mas sem tê-lo definido realmente como sua fonte de prazer profissional. Aquilo que foi conquistado é imediatamente desvalorizado. As mulheres são deslumbrantes e idealizadas até a primeira noite. Efetuada a conquista, elas não mais merecem valor e as energias são voltadas para outra conquista. O carro dos sonhos vira poço de defeitos tão logo seja adquirido. É preciso buscar outro modelo, porque só permanece bom e idealizado enquanto não destruído pela posse.

Paralelamente, esta postura de devorar e destruir tudo que é amado e conquistado pode conduzir ao isolamento. Há uma espécie de temor difuso (porque a fantasia e a modalidade de relação são inconscientes) de se destruir os objetos amados. E os objetos de amor mais significativos não podem, portanto, ser trazidos para a destruição. O amor verdadeiro não será declarado, para que o parceiro e o amor sejam preservados.

d) Amamentação anormalmente prolongada

A amamentação só poderá se estender se a criança refrear seu impulso para morder. Não há mamilo que resista ao corte dos primeiros dentes. Mas quais as conseqüências de se bloquear o aparecimento da agressão? Em primeiro lugar, a agressividade oral não surge gratuitamente. Todo processo de competição na luta pela vida implica numa atuação agressiva. É preciso que o boi seja abatido para que tenhamos a carne, temos que derrubar a floresta para cultivar a terra. Quando lutamos por uma vaga num emprego ou numa universidade, conquistá-la significa derrotar os que não a conseguiram. A agressividade é o elemento fundamental da combatividade, ou seja, a capacidade do ego de exercer o processo secundário, de efetuar conquistas para que o desejo possa ser realizado implica a participação de um impulso agressivo.

Sabemos também que o desenvolvimento humano possui períodos críticos, como o processo de "estampagem" nos animais. Um curió que não tenha ouvido regularmente o canto da espécie durante o período de início de seu canto, jamais o aprenderá adequadamente. Passado o momento de uma aquisição, ela não poderá ser adequadamente estabelecida em um período posterior. E este é o momento de organização da agressividade real, é o momento de morder para se alimentar. Vedando-se sua manifestação, corre-se o risco de se extinguir o impulso para competir e combater, de se configurar uma estrutura de relação onde, mesmo havendo competência, falta a capacidade de conquista. Com freqüência, todos nós conhecemos tipos assim. É bom profissional, mas não consegue emprego. É excepcional nos treinos esportivos, mas fracassa durante as competições. Sua vida será um eterno desperdício de talento, porque jamais lutará pelo lugar que sente que merece. Acomoda-se e passivamente mantém o que já possui. Lutar é sempre sentido como um risco de perder o que já tem.

2.2.3 Conclusão

Vimos que a amamentação é um elemento central da maternagem. Que organiza a evolução afetiva normal, mas que pode ser perturbada pela inadequação afetiva da mãe, pela maior fragilidade constitucional da criança e por fatores acidentais. Como núcleo da maternagem, as distorções na amamentação são sintomas de que há problemas emocionais ao nível da criança ou da mãe. O processo de desmame deve ser progressivo e situado entre a percepção da mãe (e outros objetos de amor) e o início da dentição. Distorções no processo podem concretizar fantasias infantis de carência ou de destrutividade, provocando modelos de relação distorcidos, que poderão perdurar por toda a vida.

2.2.4 Leituras recomendadas

Ver Leituras recomendadas do capítulo 1, seção 1.2.

2.3 Interação mãe-filho: modelo bidirecional de efeitos [1]

Clara Regina Rappaport

A hiperatividade, segundo Laufer e colaboradores, pode ser caracterizada por choro excessivo, marcantes distúrbios digestivos (freqüentemente referidos como cólicas) e de sono (dificuldade em adormecer, períodos curtos de sono), comportamento queixoso. Para a criança nessas condições, uma quantidade normal de cuidados maternos pode ser inadequada. Ou, como dizem esses autores, parece paradoxal que "uma mãe aparentemente normal e adequada, que criou, anteriormente, filhos saudáveis e alegres, agora, inexplicavelmente, a despeito de seus esforços, tenha uma criança tensa, cronicamente triste e exigente" (p. 465).

Segundo esses mesmos autores, "algumas mães têm um sentimento inconsciente, às vezes consciente, sobre sua adequação como mulheres, esposas e mães. Uma criança com esse tipo de comportamento (isto é, a hiperatividade) parece oferecer a elas a prova concreta de sua inadequação. Isso gera na mãe intensas tensões e maiores esforços para moldar a criança a padrões mais aceitáveis" (p. 465-466).

Para essas crianças, a mãe é usualmente malsucedida e a hostilidade inconsciente em relação à criança tende a se desenvolver, e esta, por sua vez, responde de maneira a causar distúrbios emocionais secundários.

Elas constituem um tipo de criança que não inclui em nenhum esquema familial. O padrão peculiar de respostas dessas crianças é explosivo e impulsivo, além do fato de ser particularmente intolerável a muitos pais, que acham difícil aceitar em seus filhos comportamentos impulsivos.

2.3.1 Evidências empíricas dos efeitos da interação mãe-filho

Há algum tempo os psicólogos se preocupam com a interação mãe-filho (I-M-F) nos primeiros meses e anos de vida como determinante fundamental de certas características de personalidade, mais ou menos permanentes, que se manifestam no processo de desenvolvimento da criança.

Tão grande seria a influência destas primeiras experiências, que a ausência materna motivada por morte, abandono, guerra, hospi-

---

[1] Esta seção foi adaptada da tese de mestrado da autora, intitulada *Interação mãe-filho: influência da hiperatividade da criança no comportamento materno*. São Paulo, Universidade de São Paulo, 1978.

talização (da própria mãe ou da criança) levaria, sem dúvida, a distúrbios graves no processo de desenvolvimento da personalidade, conforme mostram os estudos detalhados de Freud e Burlingham (1949), feitos com crianças separadas dos pais e colocadas nos abrigos antiaéreos em Londres, durante a 2.ª Guerra Mundial.

Os distúrbios ocorriam em todos os aspectos da vida da criança em que o componente afetivo é o "motor do desenvolvimento". Entre esses aspectos, Anna Freud cita a aprendizagem da linguagem e da noção de propriedade nos primeiros dois anos de vida.

Spitz (1945) chama a atenção para os atrasos de desenvolvimento que ocorrem em crianças institucionalizadas, atrasos estes que o autor atribui à ausência de contato, ausência de afetividade, ausência enfim da figura materna.

Baseado em pesquisas com crianças adotadas após um período prolongado de institucionalização (em torno de 30 meses) na infância inicial, Goldfarb (1945) afirma que este período, no qual as crianças recebem menos afeto e menos estimulação do que as crianças criadas no lar, é profundamente pernicioso para seu desenvolvimento psicológico.

Existe, ainda segundo Goldfarb, evidência da persistência deste efeito nocivo, mesmo após a colocação destas crianças em lares adotivos selecionados, com supervisão de pessoal especializado e em alguns casos até com tratamento psiquiátrico.

A experiência inicial com alto grau de privação (afetiva, social e de estimulação intelectual) na criança institucionalizada resulta, aparentemente, numa fixação quase constitucional nos níveis mais primitivos de comportamento conceitual e emocional; ausência de desenvolvimento na organização emocional, relacionamento social e na habilidade intelectual. Ocorre ainda uma passividade generalizada na personalidade, tão forte que impede a criança de se beneficiar com novos tipos de estímulos fornecidos pelo ambiente, incluindo os de relacionamento humano, e assim as reações emocionais e intelectuais iniciais se mantêm durante toda a infância e mesmo na adolescência.

Estudos deste tipo despertaram nos psicólogos, das mais diversas formações teóricas, o interesse e a necessidade de pesquisar, de observar e identificar quais os fatores presentes neste relacionamento mãe-filho, que determinam o subseqüente desenvolvimento de características de personalidade, ou, mais especificamente, do repertório de comportamento da criança.

Deu-se uma grande ênfase à influência que a personalidade da mãe exerce na da criança, uma vez que esta é ainda pouco estruturada.

Podemos citar nesta linha, que Caldwell e Hersher (1964) chamam de modelo teórico monádico (isto é, unidirecional) de I-M-F, o estudo longitudinal conduzido no Fells Institute (Badwin, Kalhorn e Breeze, 1945), que enfatiza a influência dos pais, seu nível sócio-cultural, local de residência (cidade, campo), idade, práticas de criação adotadas, como determinantes de algumas características de personalidade da criança.

Na literatura especializada, Freud (1962) é considerado o introdutor do tema na Psicologia, pois teria mostrado como os padrões de conduta dos pais concorrem para a formação de ansiedades e neuroses. Mais recentemente, outros representantes da linha psicanalítica podem ser citados. De um lado, Erikson (1972) ressaltou a importância do tipo de atmosfera emocional criada pelos pais, no lar, desde a mais tenra idade, como fundamental para o desenvolvimento de uma personalidade saudável, bem estruturada. De outro, Melanie Klein (1973) salientou o tipo de relacionamento criança-seio que, no decorrer do primeiro ano de vida, lentamente se transforma na relação mais complexa, criança-mãe, como a base para um desenvolvimento saudável ou patológico da personalidade.

Psicólogos da linha da aprendizagem social, por exemplo, Mussen, Conger e Kagan (1974), também atribuem importância ao tipo de atmosfera oferecida pelos pais como determinante, nos filhos, de uma personalidade adaptada à sociedade, ou, por outro lado, não adaptada, com a presença de ansiedades, dificuldades de relacionamento, etc.

As afirmações de Mussen, Conger e Kagan baseiam-se em trabalhos anteriores, principalmente no modelo circumplexo de comportamento materno proposto por Schaefer em 1959. Este autor, considerando que a experiência global da criança é o fator realmente importante no desenvolvimento da personalidade, realizou duas pesquisas no sentido de classificar o comportamento das mães em relação a seus filhos do ponto de vista emocional e social.

Na primeira pesquisa registrou, através do método de observação direta, o comportamento de 56 mães em interação com seus filhos de 1 mês a 3 anos de idade e, na segunda, realizou entrevistas domiciliares com 34 mães de crianças cujas idades variavam de 9 a 14 anos.

Os resultados da primeira pesquisa, que foram confirmados pela segunda, levaram Schaefer a propor duas dimensões bipolares de comportamento materno, quais sejam: autonomia x controle e amor x hostilidade.

A primeira dimensão seria representada por autonomia num dos extremos e ansiedade materna, intromissão, preocupação com a saúde, exigência para realização, excessivo contato, promoção de dependência e envolvimento emocional, no outro. O extremo positivo da segunda dimensão seria avaliação positiva da criança, igualitarismo e expressão de afeto; e o negativo seria ignorar, punir, usar de rigidez e do medo para controlar a irritabilidade.

Mussen, Conger e Kagan mantêm a designação de autonomia x controle para primeira dimensão, mas preferem usar aceitação x rejeição para a segunda, caracterizando os pais que aceitam a criança como aqueles que, criando uma atmosfera democrática, de respeito à personalidade da criança, e em que predominam práticas disciplinares de explicação e reforço, tendem a promover o desenvolvimento de uma criança segura, com bom ajustamento, etc. Já os pais situados no outro extremo da escala, os rejeitadores, ou seja, hostis em relação à criança, que fazem grande uso de punição física, tendem a promover o desenvolvimento de uma criança ansiosa, insegura e com dificuldade de adaptação social.

Nesta mesma linha de investigação de comportamentos molares, embora reconhecendo que "as crianças vêm ao mundo com .fortes predisposições genéticas" e que "as crianças interagem com seus pais e não são simplesmente as vítimas inocentes dos adultos", Munsinger, já em 1971, mostrou como diferentes práticas disciplinares adotadas pelos pais levam a diferentes tipos de personalidade emergente nas crianças.

Baseado também no trabalho de Schaefer, considera como dimensões fundamentais destas práticas as dicotomias:

Amor (mãe afetiva, aprovadora, compreensiva, que aceita a criança, usa exemplos e explicações na disciplina, dá respostas positivas aos comportamentos de dependência) x *hostilidade* (mãe rejeitadora, fria, desaprovadora, autocentralizada, usa punição física e reforço negativo) e *controle* (muitas restrições, rigidez) x *autonomia* (promoção de independência).

Segundo esse autor, várias combinações dessas categorias resultam em traços específicos de personalidade na criança. Assim, quando os pais usam *amor* e *controle*, "produzem" uma criança submissa, dependente, polida, obediente, que é vista e não ouvida e que tem pouca criatividade. Quando usam *hostilidade* e *controle* levam ao desenvolvimento de um comportamento neurótico, dificuldade de adaptação social, auto-agressão, baixo nível de heteroagressividade, pobre autoconceito e sentimentos de culpa. Os do grupo *autonomia-amor* tendem a "produzir a criança ideal": boa adaptação social, criativa, agressividade adequada, independente, simpática.

Já uma atitude de *hostilidade-autonomia* desenvolve comportamento delinquente: alta agressividade, pouco respeito pela autoridade, ausência de controles internos, ausência de culpa.

Na área do desenvolvimento cognitivo, Tulkin e Kagan (1972) consideram que, embora os psicólogos estejam levando a sério a idéia de que as experiências da infância podem influenciar o desenvolvimento, as relações funcionais específicas entre as experiências iniciais e os estilos cognitivos permanecem desconhecidas.

Examinando as experiências específicas de crianças pertencentes a diferentes classes sociais, verificaram que mães de classe média se envolvem mais sem interações verbais com seus filhos e provêm maior variedade de estimulação. Verificaram ainda que as diferenças de comportamento materno encontradas situam-se mais na área de interações verbais e estimulação cognitiva, havendo diferenças mínimas nos aspectos afetivos da interação.

Também Campbell (1973) refere-se a vários estudos recentes que focalizaram as relações entre tipos de interação pais-crianças e características cognitivas particulares da criança. De forma geral, os resultados indicam que intromissão [2] dos pais impede o desenvolvimento da habilidade espacial (Bing, 1963), do controle da atenção (Bee, 1967) e de um estilo cognitivo independente do campo (Dyk e Witkin, 1965).

Quando estudou I-M-F numa situação de resolução de problema, Bing descobriu que mães de crianças com alto nível de capacidade verbal eram mais diretivas do que mães de crianças cujo nível de habilidade espacial era mais elevado.

Usando procedimento similar, Bee verificou que pais de crianças dispersivas ofereciam mais direção e estruturação do que pais de crianças não dispersivas.

Dik e Witkin verificaram que crianças menos diferenciadas em vários aspectos do funcionamento cognitivo, quais sejam controle de impulso e capacidade para experiências articuladas, são filhos de mães menos diferenciadas nestes mesmos aspectos.

Em suma, esse modelo monádico, que Bell (1964) chama de unidirecional, dá ênfase à maneira como os adultos agem sobre a criança, não considerando a possibilidade de que a influência seja recíproca. Nesse trabalho, Bell critica as teorias que enfatizam apenas o papel dos pais no processo de socialização da criança, pois este tipo de abordagem unidirecional de efeitos corre o risco de não reconhecer diferenças no comportamento dos pais devidas a características congênitas da criança (diferenças de comportamento entre grupos de pais foram atribuídas aos efeitos exercidos sobre eles por uma limitação na habilidade de lidar com o ambiente associada com desordens congênitas da criança afetada).

---

[2] Tradução do termo "intrusiveness", que significa intromissão, no sentido de interferências inoportunas e excessivas.

Essas idéias dão início a uma série de pesquisas que levam Bell, em 1968, já com base em investigação experimental, a propor um novo tipo de modelo na área de I-M-F: o modelo bidirecional ou diádico (como chama Alves, 1973), mostrando a necessidade de se considerar tanto o efeito dos pais sobre os filhos como a influência do comportamento dos filhos sobre os pais.[3]

São exemplos de estudos desta natureza que a seguir serão revistos.

A partir da observação de um grupo de pares mães-criança, Moss (1967) faz uma discussão teórica a respeito de quais os fatores determinantes da I-M-F.

Do ponto de vista materno, o estado psicológico existente antes do nascimento poderia determinar, em parte, a forma como a mãe irá responder à estimulação vinda da criança, como também os padrões de estimulação e resposta que ela irá oferecer à criança. Por outro lado, a criança tenderia a agir, atuar, de forma a aumentar ou diminuir o grau de estimulação que lhe está sendo oferecido pelo ambiente, especialmente pela mãe, que, para ela, é geralmente o elemento mais importante desse ambiente. Assim, a criança seria uma fonte de estímulos para a mãe, ao mesmo tempo que esta é uma fonte de estímulos para a criança.

Foram identificados vários "estados" da criança (sono, irritabilidade, susceptibilidade a emitir respostas) como importantes determinantes do comportamento materno no início da vida do bebê. Daí sua conclusão de que, "inicialmente, o comportamento materno tende a estar sob o controle dos estímulos e condições reforçadoras que partem do bebê" (p. 29).

Para fundamentar sua argumentação Moss cita os trabalhos de Levy (1958), que demonstrou que o comportamento materno varia em função do estado ou do nível de atividade do bebê, de Wolf (1959), de Brown (1964) e de Escalona (1962), que descreveram variações qualitativas no estado do bebê ou em seu nível de atividade, enquanto Bridger (1965) mostrou que os padrões de resposta do bebê são almente influenciados pelo seu estado.

A importância desses estados (choro, choramingo, acordado ativo, acordado passivo e sono) na determinação do comportamento materno foi também reconhecida por Moss (1967). Segundo esse autor, esses comportamentos atuam na modelagem da própria experiência do bebê, uma vez que se estabelece um sistema de interação de estímulos entre a mãe e a criança que determina o tipo de experiência a que a mãe irá mais tarde submeter a criança.

---

[3] O estudo de Bell (1968) será apresentado mais adiante neste trabalho.

"O fato de os bebês serem capazes, através de seus comportamentos, de modelar o tratamento materno, é um ponto que cada vez mais vem ganhando reconhecimento. O choro é um sinal para a mãe responder, e a variação deste comportamento entre as crianças pode levar a diferentes experiências com a mãe" (p. 23).

A maturação da criança, tornando-a, já aos três meses, um indivíduo mais interessante e propenso a responder, é também determinante do comportamento materno, pois este variou em função da idade da criança, isto é, as mães se comportavam de formas diferentes quando seus bebês tinham três semanas ou três meses de idade. Foram em geral baixas as correlações entre o comportamento materno nesses dois momentos evolutivos, exceto aquelas referentes às respostas do tipo afetivo e social que se mostraram consistentes.

O sexo da criança pode levar também a comportamentos diferenciais da mãe. Verificou-se, por exemplo (Moss, 1967, pp. 22-23), que os bebês masculinos dormem menos e choram mais do que os do sexo feminino e que há grande variação individual quanto às horas de sono. Isto tem implicações para a quantidade de experiência e contato que mantêm com a mãe.

Além disso, as mães responderam menos aos bebês mais irritáveis, o que levou Moss a especular que as mães foram negativamente reforçadas ao se relacionarem com eles. As correlações obtidas mostraram que as mães se relacionaram cada vez menos com os bebês masculinos à medida que cresciam. As mães destes meninos podem ter aprendido que não estavam sendo bem-sucedidas ao aquietá-los e acalmá-los, passando então a ignorar seus comportamentos de choro e choramingo.

Outros comportamentos, como o de imitar vocalizações, foram mais freqüentes com as meninas, sendo, portanto, possível também um reforçamento diferencial neste sentido.

Dessas observações, Moss (1967) conclui que "à medida que a criança se torna mais velha, a mãe que se comportava contingentemente em direção aos seus sinais, gradualmente adquire valor de reforço e aumenta sua eficácia como reguladora do comportamento da criança". "O ponto em que o controle da criança sobre o comportamento materno diminui e o valor de reforço da mãe emerge podem representar a primeira manifestação da socialização". "Assim, inicialmente a mãe é modelada pela criança, e isso, mais tarde, facilita a modelagem da criança pela mãe" (p. 30).

Portanto, por suas características particulares, a criança contribui na determinação do padrão de interação que irá se estabelecer.

Posição semelhante à de Moss encontramos em artigo mais recente de Bell (1974), que considera suas idéias especulativas e como um convite à comprovação experimental. Assim, diz ele: "Parece uma proposição razoável que a gravidez, a aparência do bebê e o seu comportamento interajam com o papel da mãe de criar o subsistema M-C da família. Pode-se acrescentar que essas características da criança, às vezes, apenas interagem com a existência da mãe como um adulto. Ela pode estar simplesmente tentando manter sua vida, sem nenhuma intenção de socializar ninguém" (p. 4).

Bell reconhece a importância de alguns estímulos fornecidos pelo bebê como pistas para atuação da mãe, embora afirme que os seus efeitos não devem ser superestimados. Por exemplo, quando responde ao choro do bebê, a mãe não atua apenas em função deste estímulo, mas leva em consideração as condições da última amamentação (horário, quantidade ingerida, etc.) Os pais atuam, então, em função de características situacionais e dos estímulos fornecidos pelo bebê, porém, em alguns casos, os estímulos são tão excessivos, que os limites dos pais são ultrapassados, modificando o sistema de cuidados dispensados ao bebê, o que pode ser verificado em relação ao choro.

Robson e Moss (1970), citados por Bell, relatam mudanças nos sentimentos subjetivos das mães para com seus bebês nos primeiros três meses após o nascimento, em função do excesso de choro, manha e outras exigências de cuidados fisiológicos.

"Durante o primeiro mês de vida", diz Bell, "a mãe está em essência à mercê do choro de seu filho e, em alguns casos, no terceiro mês, o choro está no que parece ser o limite de tolerância de muitos pais... Algumas crianças excedem estes limites, os esforços da mãe são inadequados, a criança continua a responder com choro" (p. 5).

Este tipo de comportamento da criança poderia, em alguns casos extremos, levar a punições excessivas, gerando um tipo de comportamento agressivo dos pais. Esta conclusão de Bell baseia-se nos estudos de Gil (1970), sobre crianças maltratadas pelos pais, pois algumas crianças colocadas em lares adotivos eram maltratadas por diferentes mães adotivas, enquanto outras nunca haviam sido maltratadas nestes mesmos lares. Os maus tratos, segundo Gil, seriam efeito tanto de características dos pais como das crianças, e das situações de *stress* emocional sob as quais viviam.

Estes fatos colocam questões sobre as qualidades de estímulo da criança e levaram Bell a pensar como os diferentes tipos de comportamento emergente na criança eliciam diferentes tipos de reação dos pais (por exemplo, a cólica maximiza as interações de cuidados e minimiza as interações sociais) e a concluir que "o sistema pais-criança é uma relação recíproca que envolve dois ou mais indivíduos que diferem amplamente em maturidade, porém não em competência, no que diz respeito a afetar um ao outro" (p. 15).

Já Sander (1965), através de um estudo longitudinal de 30 pares M-F, cujo objetivo era descrever e analisar os padrões de interação que se estabelecem entre esses pares no início da vida da criança — portanto descrever, sistematicamente, a ontogênese das relações interpessoais da criança — constatou que, após um certo tempo de observação, o experimentador podia prever o que aconteceria em seguida, em termos de interação dos pares, supondo, pois, uma regularidade, uma série de comportamentos comuns aos vários pares, apesar das diferenças individuais, também existentes. Cada nível mais avançado de atividade da criança demandava um novo ajustamento da I-M-F, um novo equilíbrio precisava ser alcançado. Se um estado não alcançava um equilíbrio satisfatório, havia maiores dificuldades em alcançar o seguinte, o que mostra a importância da sincronia ou assincronia no desenvolvimento de padrões cada vez mais complexos de interação.

Outros autores preocuparam-se com o mesmo problema, embora o tivessem pesquisado apenas em relação a um ou alguns comportamentos específicos, principalmente o choro e o sorriso.

É o caso de Rheingold (1969), Moss (1967), Laufer e Denhoff (1957), que verificaram ser o choro do nenê um estímulo bastante importante na determinação do comportamento materno, instruindo a mãe, de certa forma, sobre como deve agir para fazer cessar aquele comportamento. Da mesma forma que o choro, o sorriso é considerado como estímulo para a mãe, com a diferença de que o primeiro seria um estímulo aversivo e o segundo, reforçador.

Para Rheingold (1969), a criança, "por um lado, recebe dos pais todo o cuidado mas, por outro, ela ensina aos pais como dispensar esse cuidado através dos sinais que emite, como choro e sorriso" (p. 785).

Etzel e Gewirtz (1967) e Gewirtz e Gewirtz (1965) citam estudos nos quais a emissão do sorriso, pela criança, aumentou a probabilidade de permanência da mãe ou da substituta junto à criança.

Brown e colaboradores (1975) partem do fato de que os primeiros encontros entre a mãe e o recém-nascido freqüentemente determinam a natureza de suas relações subseqüentes, porque as mães parecem particularmente sensíveis a seus bebês nos dias seguintes ao parto e seria nessa época que os padrões individuais de interação se estabeleceriam e passariam a ser relativamente duradouros.

A partir de observações de interações de um grupo de mães negras com seus respectivos bebês recém-nascidos, durante a amamentação, Brown (1975) concluiu que as mães agiam em função do sexo da criança (meninos eram mais beijados e acariciados), da posição ordinal (gastavam mais tempo na alimentação do primeiro filho), do estado de maior ou menor atividade (crianças cujas mães ingeriram mais drogas por ocasião do parto eram mais passivas, geralmente, e as mães gastavam mais tempo segurando-as, amamentando-as e estimulando-as) e do peso da criança (vocalizavam mais para as crianças mais pesadas).

Pesquisando o choro do bebê como uma forma de provocar aproximação materna, Ainsworth e Bell (1972) consideram que o choro aversivo para o adulto, causa desprazer ou alarme e elicia intervenção no sentido de interrompê-lo e de desencorajá-lo.

Estudando 26 pares M-C, em visitas domiciliares, verificaram que, no primeiro trimestre de vida, o choro é um sinal para promover aproximação e contato com a mãe, ativando seu comportamento. Responder ao choro do bebê poderia reforçar este comportamento e fazer com que se transforme de respondente (no início) em operante. Bebês pequenos tendem a chorar mais freqüentemente quando longe do contato físico, visual ou auditivo da mãe, e tendem a se acalmar mais efetivamente por contato físico próximo. As mães tendem a usar mais o pegar no colo do que qualquer outra coisa, e por isso mãe e filho estão adaptados.

No quarto trimestre, o choro ocorreu com maior freqüência na presença da mãe, portanto, era dirigido para um objetivo. Assim, o choro é o primeiro sinal de um repertório de promover proximidade. O comportamento do bebê seria geneticamente programado para o protótipo de uma mãe propensa a responder. A resposta materna tende a fazer cessar o choro.

M-F formam uma díade de interação — quanto mais a mãe responde, menos o bebê chora e mais facilmente eles desenvolvem modos variados de comunicação. Mas, nem todas as mães, *atualmente*, respondem com muita freqüência às solicitações de seus bebês, e muitas fazem isso deliberadamente, pela crença de que farão um bebê exigente e dependente. Os dados desse estudo de Ainsworth e Bell (1972) provam o contrário, ou seja, que permanecem mais chorões os bebês que são de mães que tendem a responder menos, que ignoram mais o choro ou demoram mais para responder. Os bebês que receberam maior afeto nos primeiros meses, tornaram-se mais independentes e os que nesse mesmo período tiveram menor contato tornaram-se ambivalentes, isto é, não responderam positivamente quando levados ao colo e protestaram quando colocados no chão. As crianças que não choravam quando a mãe saía de casa, tenderam a ter mães mais dispostas a responder aos estímulos da criança do que as crianças mais choronas e manhosas; a) é rejeitada a crença de que responder ao bebê reforça o comportamento de choro; b) o tipo de relacionamento M-F nos primeiros meses pode determinar o tipo de interação subseqüente; c) mães que respondem ao choro podem dar segurança ao bebê para procurar utilizar outros modos de comunicação e assim ocorrerá uma relação inversa entre choro e competência.

Através de uma revisão da literatura comparativa, Harper (1971) mostra como filhotes de mamíferos fornecem estímulos que afetam o comportamento de seus pais e aponta evidências que sugerem a utilidade de adotar um ponto de vista semelhante na análise comportamental das relações pais-prole no homem. O autor considera que os estímulos provenientes dos filhotes funcionam tanto para aumentar (facilitar) como para diminuir (inibir) a probabilidade de qualquer comportamento dos pais, desde respostas específicas até padrões altamente complexos de ação. Assim, o choro interrompe uma refeição, e a rapidez e a eficiência do sugar determinam a duração da refeição; o autor cita exemplos semelhantes com bebês humanos.

Por outro lado, o desenvolvimento de um tipo de relacionamento pais-prole pode ser considerado um tipo de sensibilização. Wasz-Hockert (1964) verificou que as mães podem distinguir o choro indicativo de desconforto daquele indicativo de fome do bebê, e assim orientar-se com respeito às necessidades fisiológicas da criança. Por sua vez, Formby (1967) mostrou que a maioria das mães é capaz de distinguir o choro de seu próprio filho do de outras crianças poucos dias após o nascimento, o que leva à adoção de atitudes específicas.

Alguns outros fenômenos comprovados em animais ainda não o foram em seres humanos. Existe apenas uma literatura inicial, da qual se pode esperar que, num estágio mais avançado, venha a comprovar certos tipos de comportamentos emitidos por bebês humanos como responsáveis pela eliciação de comportamento dos pais.

Blurton Jones (1972) chama a atenção para a dificuldade de transpor diretamente para a Psicologia do Desenvolvimento os métodos tradicionais de estudo da etologia, visto derivarem estes mais das ciências biológicas e físicas. Enquanto que um estudo, uma observação relatada por um etologista pode ser repetida por outros para efeito de comprovação, o mesmo nem sempre ocorre no caso de crianças. Neste, segundo ele, até recentemente os comportamentos não eram descritos em termos do observado, mas de significados, ou ainda em termos que tinham um "status" também vago. Nos primeiros estudos sobre .freqüência de agressão, por exemplo, os termos não eram bem definidos, podendo um mesmo comportamento ser classificado ora de agressão, ora de briga.

Esse autor sugere que os aspectos do método da etologia mais úteis aos pesquisadores da Psicologia do Desenvolvimento são aqueles referentes ao estudo do comportamento e das interações entre os indivíduos. Pesquisando interações entre animais, os etologistas fazem distinção entre causa e efeitos do comportamento, isto é, procuram tornar claro através da história do desenvolvimento o que leva o animal a apresentar um certo comportamento e qual o efeito que este comportamento exerce sobre outro animal.

Assim, na linha de desenvolvimento humano, Blurton Jones relata alguns estudos que procuram mostrar os efeitos da criança sobre a mãe e da mãe sobre a criança. Dada a complexidade do processo, admite ele que não se pode atribuir a responsabilidade da ocorrência de um comportamento a um só ou a poucos fatores, mas sim a uma multiplicidade destes, do que decorre a necessidade de um esforço conjunto, de várias ciências, desde a farmacologia até a sociologia. Só assim será possível melhor entender todos os fatores que agem e interagem no processo, ou pelo menos boa parte deles, evitando o perigo de explicações simplistas para um fenômeno complexo.

No mesmo sentido, propõe a utilização de categorias que definam comportamentos moleculares de forma suficientemente precisa e clara, para evitar o perigo de diferentes interpretações por diferentes experimentadores. Termos amplos como agressão, ou ligação afetiva, ou ansiedade ou ainda socialização, por incluírem diferentes formas de manifestação de comportamento, pouco esclarecem sobre suas relações com outros fatores ambientais. Para que se possa chegar a uma definição operacional destes conceitos, torna-se necessário utilizar todos os métodos e técnicas disponíveis, experimentais (controle de situação) ou não experimentais (estatísticos ou correlacionais).

Richards e Bernal (1972), num estudo de crianças durante o primeiro ano de vida, se propuseram, entre outros, o objetivo de verificar a influência recíproca de mãe e filho e oferecer medidas relativamente independentes dos elementos que cada participante traz para a situação.

Trabalharam com um grupo de mães de primeiro e segundo filho, da área urbana de Cambridge, de classe média, utilizando técnica de observação em alguns dias fixos para todos: o segundo, terceiro, oitavo e décimo dias de vida, que foram considerados como uma amostra adequada do período pós-parto, capaz de permitir uma avaliação das mudanças de comportamento que poderiam ocorrer durante este período.

Embora o objetivo principal tenha sido o de avaliar o desenvolvimento nas primeiras 60 semanas, de um tipo particular de bebê em interação com um tipo também particular de mãe, a obtenção dessas medidas foi considerada uma tarefa difícil. De um lado, porque em torno do oitavo dia de vida o comportamento da criança já foi moldado por suas interações prévias com a mãe, de outro lado, a mãe, mesmo ausente, é influenciada pelo bebê. Por isso, esses autores entendem que o único comportamento materno que nos permite avaliar sua disposição para responder e seu papel na interação é seu comportamento durante a própria interação. [4]

Cada observação abrangia o tempo desde quando o bebê era carregado para ser amamentado até seu retorno ao berço, incluindo portanto a amamentação e a troca de fraldas do bebê. Em cada visita, o observador deveria responder algumas questões que descrevessem suas impressões a respeito do bebê e das atitudes da mãe em relação a ele. As categorias de comportamento emergiram após uma fase preliminar, que consistiu na investigação de 60 pares M-C durante 200 horas.

Os resultados indicaram que bebês alimentados ao seio ou à mamadeira podem diferir desde o nascimento (assim como suas mães) e ter com elas uma interação diferente nos primeiros dez dias de vida. Um outro fator em relação ao qual ocorreram diferenças no comportamento dos bebês foi a administração ou não de uma droga (Pethilorfan) às mães durante o parto. A importância desta constatação é que, se os efeitos diretos da droga continuarem, poderão advir conseqüências evolutivas para o bebê, pois admitem os autores que o estilo da interação é determinado nesta fase inicial.

Blurton Jones e Leach (1972) estudaram o efeito da separação e do reencontro nas mães e nas crianças, quando estas eram deixadas por algumas horas no "play-ground". Outro objetivo era verificar por que algumas crianças choravam e outras não, e o efeito do comportamento da criança na mãe, em um grupo de 35 sujeitos de 21 a 60 meses.

Verificaram que as crianças que choravam enquanto suas mães iam se separando delas eram filhas de mães que: aproximavam-se mais freqüentemente da criança durante a separação; saíam mais freqüentemente sem que a criança percebesse; sorriam menos freqüentemente durante a separação, e no reencontro essas mães tocavam nas crianças com mais freqüência. O comportamento materno durante o reencontro parece ser altamente dependente do comportamento da criança, tanto no caso das que choravam na separação, como no das que não choravam; como exemplo, o levantar os braços pela

---

[4] O trabalho publicado refere-se aos resultados preliminares de um grupo de 38 mães em interação com seus filhos recém-nascidos nos primeiros dez dias de vida. Além disso, restringe-se à análise do comportamento das mães e de seus bebês durante a amamentação natural ou artificial, bem como da influência da medicação obstétrica.

criança esteve altamente associado com o comportamento da mãe em tocar a criança.

Já em relação à idade, verificaram que, no caso das que não choravam, a disposição da mãe para responder não variava com a idade da criança; e, no caso das que choravam após os dois anos e meio, obtinham menos respostas de suas mães e sorriam menos para elas.

Utilizando observação da interação social de crianças pré-escolares entre si e com as mães (10 crianças normais e 3 com problemas), Leach (1972) verificou que crianças com problemas (dificuldade em separar-se da mãe) mostravam interações reduzidas e insatisfatórias, tanto com os companheiros como com as mães. Além disso, iniciavam menos comportamentos e respondiam menos a outras crianças do que as normais, obtinham menos sucesso para eliciar respostas em outras crianças e também respondiam menos às suas mães do que as normais. Por sua vez, as mães dessas crianças pareciam evitar interações com seus filhos.

Desta forma, pode-se concluir, como o fez Harper (1971), que, dado o fato de a criança afetar o comportamento de seus pais de modos identificáveis e de que o estímulo vindo da criança pode ser analisado em termos mensuráveis, a relação pais-filhos, em seres humanos, pode ser vista e estudada como um processo de interação de estímulos.

A partir destas colocações da etologia, poder-se-ia pensar que as crianças são geneticamente programadas para eliciar estimulação em seus pais, da mesma forma que os pais, e principalmente a mãe, seriam geneticamente programados para oferecer proteção, que garante a sobrevivência da criança. A par desta influência, a nível mais biológico, ter-se-ia influência psicológica, responsável pelas diferenças individuais de reações e de seqüências de interação, bem como a influência cultural, responsável por uma certa uniformização de comportamento num determinado grupo de indivíduos.

Nessa mesma linha de considerações, Stayton, Hogan e Ainsworth (1971), ao discutirem o antagonismo criança x sociedade, argumentam que ele não deveria existir, porque as crianças teriam uma predisposição inata, natural, para adquirir certos tipos de comportamentos sociais, isto é, seriam geneticamente viesadas em direção a certos comportamentos sociais, ou ainda, seriam pré-adaptadas a um ambiente social semelhante, nos aspectos essenciais, ao ambiente no qual a própria espécie se desenvolveu.

Esses autores levantam a hipótese seguinte: se uma mãe aceita, coopera e é sensível aos sinais da criança, esta tende a obedecer seus comandos e proibições verbais, mais consistentemente do que uma criança cuja mãe é rejeitadora e insensível. Além disso, a tendência da criança a aquiescer seria independente das táticas específicas de socialização ou dos procedimentos disciplinares. Em outras palavras, seria uma disposição geneticamente programada, que não requer treino.

Testaram a hipótese através da observação de 25 pares M-C, de cor branca e de classe média, durante o primeiro ano de vida. Chegaram à conclusão de que uma disposição para obediência emerge num ambiente social que responde aos comportamentos da própria criança, sem treino ou disciplina extensa ou outras tentativas de modelar o curso de desenvolvimento da criança. Isso confirmaria a hipótese de uma predisposição da criança para ser social e estar pronta para obedecer às pessoas que são mais significativas em seu ambiente social, como propõe o modelo etológico-evolutivo de desenvolvimento social inicial, sugerido por Bowlby (1958, 1969) e Ainsworth (1967, 1969). De acordo com esse modelo, a criança tem um repertório de comportamento característico da espécie que é mais prontamente ativado e/ou terminado pelas condições de estímulo oferecidas pelos adultos.

Portanto, a obediência não seria emergente a partir de reforço ou punição, mas sim de uma programação biológica que levaria à ligação afetiva: o próprio laço afetivo que se estabelece entre a criança e seus pais, particularmente a mãe, leva à obediência.

Assim, a partir da observação de 32 mães que tinham dois filhos, Moss e Jacobs (1976), concluíram que: as mães gastam menos tempo em atividade social, afetiva e de cuidados com o segundo filho do que com o primeiro (não foram constatadas diferenças significantes especificamente para as que se referiam a atividades de alimentação e de comportamentos infantis para 21 das 41 variáveis consideradas); o decréscimo no tratamento maternal em relação ao segundo filho era maior para meninas quando o primeiro filho também era menina, e em segundo lugar para menina cujo irmão mais velho era um menino; o comportamento materno decrescia menos em relação ao segundo filho, se este fosse do sexo masculino do que se fosse do sexo feminino; o segundo filho recebia menos atenção do que o primeiro, se fossem ambos meninos, mas o decréscimo era muito menor do que no caso em que ambos os filhos eram meninas; e, finalmente, quase não ocorria decréscimo na atenção materna em relação ao menino cujo irmão mais velho era uma menina. O estilo de comportamento materno em algumas variáveis — atividades de alimentação do bebê e comportamentos de criação — foi basicamente consistente para o primeiro e o segundo filhos (ex.: imitar vocalizações, beijar e cuidados).

Moss e Jacobs oferecem algumas possibilidades de explicação para estas constatações: a idade da mãe, mais velha por ocasião do nascimento do segundo filho; exigências do primeiro filho quando a mãe está cuidando do segundo — portanto, o fato de ter dois filhos diminui o tempo disponível da mãe para cada um; a novidade e a excitação de ter um bebê diminuíram com o nascimento do segundo filho; a experiência com o primeiro filho aumentou a eficiência da mãe em atender às necessidades do bebê; o sexo diferente mantém a novidade; lidar com menino pode ter sido uma novidade tão grande que mantém o comportamento da mãe em relação ao segundo filho independentemente do sexo do filho mais velho; valorização cultural do sexo masculino; e exigências maiores por parte dos bebês masculinos.

Resultados anteriores obtidos por Hilton (1967) e Rothbart (1971) sugerem que a diferença de tratamento do primeiro filho em relação aos demais deve-se ao sexo da criança. Assim, Hilton (1967) verificou que os tipos de dependência dos primogênitos são diferentes conforme o sexo da criança, ou seja, que os pais podem tolerar esse comportamento em diferentes áreas conforme o sexo do filho.

Beckwith (1972) estudou diferenças nos padrões de comportamento social estabelecidos entre a mãe e seu bebê, do bebê em relação a ela e entre o bebê e estranhos em 24 pares de mães e seus filhos adotivos, metade dos quais era do sexo masculino e a outra metade do sexo feminino.

Dada a natureza da interação observada, Beckwith considerou difícil atribuir o início da interação a um dos membros do par. No entanto, alguns resultados podem ser destacados: quanto mais a mãe ignorava os sinais do bebê ou censurava seu comportamento, menos o bebê parecia orientado para ela e menos mantinha contatos com ela; se a mãe não permitia expressão de impulsos do bebê e exercia controle maior sobre eles, mais a criança ignorava a mãe; o choro do bebê era determinante do comportamento materno no sentido de fazer com que a mãe respondesse a ele ou o ignorasse; tanto o alto grau de choro como a maior freqüência com que a mãe o ignora estão associados com a diminuição do brinquedo social (com a mãe); o choro, nos primeiros meses, estimula a resposta materna, mas entre os oito e onze meses a mãe passa a ignorá-lo; portanto, o comportamento materno varia em função da idade da criança; a tendência da mãe em dizer "não" a seu bebê estava associada, por um lado, com a diminuição da tendência do bebê a responder a ela, e, por outro, com maior quantidade de choro e maior tendência a responder a estranhos.

Já Carter e Bow (1976) manipularam a emissão de vocalizações de desagrado em bebês de ambos os sexos cujas idades variavam de nove meses e meio a onze meses. Um grupo foi deixado só num quarto com brinquedos, enquanto o outro permanecia também só, num quarto sem brinquedos, durante um breve período de separação (5 minutos). Nos dois grupos as mães permaneciam numa sala contígua provida de um monitor de televisão, por onde observavam o comportamento de seus filhos. De acordo com as instruções recebidas, as mães podiam interromper a separação a qualquer momento.

Os autores verificaram que os brinquedos adiavam a emissão de vocalizações de desagrado, isto é, os bebês deixados sem brinquedos emitiam estas manifestações em menor tempo do que os do grupo com brinquedos. Quanto às mães, constataram que a vigilância era função da presença de um brinquedo e da interação brinquedo-sexo (as mães dos meninos observaram-nos um pouco mais do que as mães das meninas, sorriram mais na situação de brinquedo presente) e que a ausência de brinquedo provocou mais rapidamente o término da separação, porém a diferença não foi significante.

Em nosso meio, podemos citar três autores que trabalharam a partir do modelo de influência recíproca mãe-criança.

Alves (1973) estudou, através da observação de pares mães-crianças, comportamentos de bebês considerados importantes fontes estimuladoras para a mãe, entre os quais choro, sorriso, verbalização e olhar mútuo.

Verificou que cada par mãe-bebê manteve um padrão comportamental e de interação constante, concluindo que mãe e criança formam um sistema e que nesse sistema o comportamento de cada elemento é freqüentemente estímulo para o comportamento do outro.

Também a partir do modelo bidirecional de influências recíprocas, Marturano (1972), focalizou uma dimensão de I-M-F, qual seja, as contingências significativas entre comportamentos verbais dos membros da díade no curso da conversação.

Sollitto (1972) propôs-se observar e estudar a I-M-F, utilizando o modelo bidirecional de análise, em uma situação específica — ou seja, a do banho do bebê.

Em resumo, a literatura mostra que o comportamento da criança também tende a condicionar o comportamento da mãe, ou seja, que o comportamento do filho tem propriedades de estimular o comportamento materno. Mostra que a interação M-C é uma via de mão dupla, no sentido de que as influências dos agentes de interação são recíprocas e que esse processo de interação não é unilateral.

A literatura registra também alguns trabalhos em que tipos particulares de crianças e a interação com suas mães foram o objetivo do estudo. Para exemplificar, pode-se inicialmente apresentar o estudo realizado por Bell (1968). Segundo este autor, existem fatores congênitos que contribuem para duas classes de comportamento da criança e que exercem influências diferentes nos pais: fraco desenvolvimento sensório-motor e desordens de comportamento, entre as quais inclui a hiperatividade.

De acordo com Bell, os pais não têm técnicas fixas para socializar as crianças, mas sim "repertório de ações" que variam conforme o objetivo. A pressão cultural, de um lado, e a estimulação do objeto de aculturação, de outro, são as condições que ativam diferentes componentes desse repertório. Algumas características das crianças, como seu estado geral de dependência, servem de estímulos para conduzir a respostas na maioria dos pais. Outro efeito da criança sobre o comportamento dos pais revela-se na seleção que estes fazem de elementos do repertório de práticas para cuidar da criança.

Na teorização desse autor existem hierarquias de ações, e crianças diferentes ativam partes diferentes dessas hierarquias. As ações dos pais são de tal forma programadas por certas crianças que, num momento ou noutro, ou em seqüência, pode ser eliciada toda a hierarquia que é importante para uma certa classe de comportamento da criança. O comportamento dos pais, assim eliciado, pode ser reforçado ou não pela criança.

Segundo esse autor, ainda, há nos pais dois tipos de repertórios de comportamento que se prestam ao controle. Um deles, que Bell chama de "comportamento para controlar limite alto"[5], é aquele ao qual os pais recorrem para reduzir e redirigir comportamentos da criança que, segundo eles, ultrapassam os padrões de intensidade, freqüência e adequação para a idade da criança. Este tipo de atitude dos pais ocorre em resposta a choro excessivo do bebê, ou comportamentos impulsivos, hiperativos ou assertivos da criança pequena.

O outro tipo de repertório é o que Bell designou de "comportamento para controlar limite baixo"[6], através do qual os pais estimulariam comportamentos que considerassem estar abaixo dos padrões, e que seria estimulado pela letargia do bebê, hipoatividade, inibição excessiva, ou ausência de aptidões da criança pequena.

Quando os comportamentos dos pais são classificados sem que se tenha em conta a estimulação proveniente da criança, os do primeiro tipo podem ser erroneamente descritos como "punitivos" ou "restritivos" e os do segundo tipo como "exigentes" ou como pais que interferem em excesso.

Preocupada em verificar se o nível de atividade da criança poderia influir no tipo de prática de educação adotada pelos adultos,

---

[5] Tradução proposta para a expressão "upper limit control behavior".
[6] Tradução proposta para a expressão "lower limit control behavior".

Stevens-Long (1973) verificou que as crianças hiperativas recebiam disciplina mais severa, especialmente quando eram rotuladas como tal; quando não rotuladas, recebiam tratamento menos severo; as crianças hipoativas recebiam disciplina mais severa do que as crianças medianas, quanto ao nível de atividade; se o rótulo dado não condissesse com o comportamento efetivamente emitido pela criança, o efeito sobre a determinação das práticas adotadas era menor.

Por outro lado, os sentimentos manifestados pelos adultos em relação à criança também apresentaram correlação com a severidade das práticas. As crianças hiperativas, portanto, as que recebiam tratamento mais severo, também despertavam sentimentos negativos, eram consideradas más, agressivas e menos cativantes.

O estudo realizado por Campbell (1973), já citado anteriormente neste trabalho, representa, de um lado, uma tentativa de lidar com a direção dos efeitos da mãe sobre a criança e desta sobre aquela. Por outro lado, através dele, a autora procurou obter dados comparativos relativos aos padrões de I-M-F em tarefas cognitivas, usando grupos selecionados com base no estilo cognitivo da criança e no controle de impulso.

Para tanto, comparou padrões de I-M-F de três grupos de crianças — reflexivas, impulsivas e hiperativas — e concluiu que o grau de envolvimento da mãe na solução da tarefa foi determinado, em parte, pela habilidade da criança em completar a tarefa. Além disso, embora o grau de envolvimento materno fosse igual para os três grupos, o tipo foi diferente. Esse resultado corrobora o que foi obtido por Bee (1967), segundo o qual os pais de crianças distraídas e não distraídas diferem entre si mais quanto aos padrões de interação do que quanto à quantidade de interações.

No caso das crianças hiperativas (do estudo de Campbell), as mães forneciam mais ajuda física, mais encorajamento e sugestões de controle de impulso durante a tarefa difícil. Segundo a interpretação da autora, essas mães teriam aprendido a estruturar as tarefas como uma resposta à inabilidade de seu filho de focalizar a atenção, de controlar a impulsividade e de persistir. No entanto, ao contrário do estudo de Stevens-Long, essas mães não foram mais punitivas ou desaprovadoras na situação de interação. As crianças hiperativas interagiam mais e faziam mais comentários sobre seu próprio desempenho, o que sugere que a atividade verbal aumenta com a dificuldade da tarefa e com a dificuldade de atenção e persistência, que podem ser sinais para a mãe interferir e prover a ajuda necessária.

Para sua surpresa, a autora verificou que as mães das crianças reflexivas também deram mais ajuda física direta durante as tarefas difíceis e mais sugestões específicas durante a tarefa anagrama (considerada tarefa verbal difícil), do que as mães das crianças impulsivas. Embora contrário ao que se poderia esperar, isto pode ser explicado em termos das expectativas dessas mães.

As mães das crianças impulsivas poderiam não estruturar as tarefas tanto quanto as mães dos outros dois grupos, porque elas poderiam ter expectativas mais baixas de realização e sentir que seus filhos poderiam satisfazê-las. Por outro lado, as mães das crianças reflexivas tendem a intervir quando observam que seus filhos precisam de ajuda, porque estão pressionando para um grau mais alto de realização.

Essas interpretações baseiam-se em dados de entrevista, onde as mães das crianças impulsivas referiram expectativas mais baixas para realização futura do que as mães dos dois outros grupos. É possível também que as crianças reflexivas tenham aprendido a pensar antes de responder, justamente porque suas mães interferiram em momentos cruciais e estruturaram as tarefas apropriadamente, enquanto que as mães das crianças impulsivas falharam na interferência, levando-as a adotar uma abordagem de tentativa-e-erro. Por outro lado, diferenças nas expectativas das mães podem refletir estilos cognitivos diferentes. As mães das crianças impulsivas podem ter expectativas mais baixas porque seus filhos tendem a uma realização inferior. Nesta questão, conclui Campbell, a direção dos efeitos está longe de ser identificada.

Ocorreu também que as crianças hiperativas geralmente eram de um grupo sócio-econômico um pouco mais alto, e assim as diferenças de comportamento das mães das crianças hiperativas e impulsivas poderiam refletir diferenças devidas à classe social quanto à manipulação do comportamento impulsivo.

Em trabalho posterior, Campbell (1975) propôs-se a comparar um grupo de 13 pares M-C (normais) com um grupo de 13 pares M-C (crianças hiperativas) e um grupo também de 13 pares M-C (crianças com dificuldades de aprendizagem). A idade média das crianças era de aproximadamente oito anos.

Em face dos resultados do estudo anterior, esperava-se que as crianças hiperativas eliciassem mais "feedback" e que houvesse mais estruturação da atividade por parte de suas mães do que nos outros dois grupos. De fato, as mães das crianças hiperativas deram mais sugestões não específicas, mais encorajamento, mais sugestões sobre controle de comportamento e mais desaprovação do que as dos outros grupos. Assim, elas estavam ao mesmo tempo respondendo na situação de interação, de forma a estruturar a tarefa e otimizar o desempenho, e respondendo ao estilo cognitivo de seus filhos. As crianças hiperativas eliciaram e mantiveram um alto grau de interação, por requisitar mais "feedback" e fazer mais comentários.

Patterson, Jones, Whither e Wright (1965) sugerem que, sendo bastante aversivo para o adulto o alto nível de atividade da criança, aquele usará uma série de procedimentos (especialmente a punição) para moldar o comportamento da criança a um nível mais aceitável. A criança que opera num alto nível de atividade pode ser punida mesmo quando se comporta de forma socialmente aceitável, por exemplo, amigavelmente.

Sugerem ainda esses autores que o grau elevado de punição dado à criança hiperativa torna mais lento o processo de desenvolvimento de comportamentos socialmente desejáveis. Propõem então que algumas respostas específicas da criança sejam condicionadas através do uso de reforço e punição oferecidos por pais, professores e colegas, de forma a se conseguir um controle do comportamento hiperativo e um aumento do comportamento de concentrar a atenção durante as aulas.

Desta multiplicidade de abordagens e de possibilidades de investigação experimental, ou mesmo de interpretação teórica, decidiu-se optar pelo modelo bidirecional de influências recíprocas que, embora ainda recente como proposta para se entender o completo processo de I-M-C, parece bastante promissor e menos simplista do que o modelo monádico de interpretação.

Esse modelo, chamado bidirecional, parece, sem dúvida, representar um progresso em relação à forma anterior de se apresentar os dados. Isto é, de que a personalidade da mãe exerce influência marcante na da criança, sem que se considere a hipótese contrária.

Não se pode deixar de pensar, entretanto, que fatores externos à dinâmica específica estabelecida entre os membros da dupla M-C possam interferir e mesmo dirigir o tipo de relacionamento.

Isso porque, conforme sugestões de Blurton Jones (1972), é apenas a partir de uma abordagem mais ampla, que leve em consideração outras variáveis além das especificamente psicológicas, que se poderá chegar à compreensão do processo do desenvolvimento humano.

Entre estas outras variáveis uma delas é o nível sócio-econômico-educacional (NSEE) a que o sujeito pertence, que como demonstra a literatura pode determinar as reações e atitudes no desempenho do papel de mãe.

Como já foi visto, parte da literatura consultada, toda ela experimental e bem fundamentada, leva a esperar uma incisiva influência da criança na determinação de comportamentos maternos. Ou, melhor dizendo, procura explicar o processo de I-M-C em termos dinâmicos, de inter-relação de estímulos de interdependência do comportamento de cada um dos participantes do processo.

É o caso, por exemplo, das investigações realizadas por: Horowitz e Lovel (1960), com mães de sujeitos esquizofrênicos do sexo feminino; Mark (1953), Freeman e Graryson (1955), Gerard e Siegel (1950) com mães de esquizofrênicos masculinos; Madoff (1958), com mães de crianças esquizofrênicas, retardadas e portadoras de lesão cerebral; Peterson e colaboradores (1959), com pais de crianças com problemas de personalidade e conduta. Outros autores, entretanto, atribuíram as diferenças de comportamento dos pais, ou apenas das mães, à interferência do nível sócio-econômico/educacional. Essa possibilidade realmente merece ser examinada, porque os estudos (Moss, 1967; Bell, 1968, etc.) que propuseram a I-M-C como processo de interdependência, de regulação recíproca de comportamento de cada elemento da díade foram feitos com sujeitos oriundos da classe média.

Sabe-se que, em segmentos mais baixos da população, a mãe atua de forma mais autoritária, ignorando os estímulos provenientes da criança. E neste sentido, é pertinente relembrar as maiores dificuldades metodológicas encontradas por alguns pesquisadores ao trabalharem com mães de classe baixa. Entre estes, Zunich (1971) mostra a dificuldade em se obter um perfil real da I-M-C em uma amostra de sujeitos de classe baixa, vinte mães de meninos e vinte mães de meninas de três a cinco anos de idade, através de um procedimento de questionário e também observando diretamente a interação. Embora o autor acredite que esta forneça mais subsídios (mesmo que a reticência ou inibição das mães interfira nos resultados) do que aquela onde os julgamentos são feitos por indivíduos (os próprios sujeitos) menos qualificados do que os observadores treinados e objetivos.

Especificamente, entre as investigações que concluíram pela alta suscetibilidade das atitudes maternas do NSEE estão as realizadas por Garfield e Helper (1962) com mães de crianças de três níveis econômicos distintos; Zuckerman, Barrett e Braginel (1960), tanto com mães de crianças portadoras de vários tipos de perturbações de conduta, como com mães de crianças normais; Freedheim e Reichemberg-Hacket (1959), com adultos de dois níveis educacionais diferentes — profissionais especializados em reabilitação e auxiliares de enfermagem. Por sua vez, Zuckerman, Oltean e Monaskin (1958b), trabalhando com mães de crianças esquizofrênicas e de crianças normais de um mesmo nível sócio-econômico e educacional, não encontraram diferenças de atitudes entre elas.

Vimos ao longo desta discussão que o processo de Interação-Mãe-Criança é complexo e depende de inúmeras variáveis. A esse propósito nos parece pertinente lembrar que, já em 1959, Peterson e colaboradores chamaram a atenção para o fato de que o comportamento infantil é condicionado pela interação de múltiplos fatores e para a dificuldade conseqüente de defini-los, mensurá-los e estabelecer o grau de influência de um ou outro.

Se, por um lado o comportamento infantil pode ser atribuído a múltiplas causas, o mesmo pode ser dito do comportamento das mães. Estas, sujeitas a vivências e tensões oriundas de várias fontes, irão atuar sobre seus filhos de acordo com todas estas influências. Inclusive, irão atuar de forma diferente em relação a cada um de seus filhos, em função das características diferenciais de cada um deles e das circunstâncias especiais que estejam vivenciando.

2.3.2 Bibliografia

1. Ainsworth, M.S.; Bell S. e Stayton. Infant mother attachment and social development: "socialization as a product of reciprocal responsiveness to signals". In: Richards M.P.M. *The Integration of a Child into a Social World*, p. 99-136, 1974.
2. Alves, Z.M.M.B. *Análise da interação mãe-criança: um estudo longitudinal (dos 2 aos 6 meses) da evolução de seqüências de interação*. Tese apresentada ao Departamento de Psicologia da Faculdade de Filosofia, Ciências e Letras de Ribeirão Preto, 1973.
3. Bakerman, R.; Brown, J. Behavioral dialogues: an approach to the assessment of mother-infant interaction. *Child Development, 48:* 195-203, 1977.
4. Baldwin, A.L.; Kalhorn, J. e Breese, F.H. Patterns of parent behavior. *Psychological Monographs, 58* (1) (226): 1-75, 1945.
5. Barash, David. Some evolutionary aspects of parental behavior in animals and man. *The American Journal of Psychology, 89,* (21): 195-218, June 1976.
6. Bell, R.Q. Retrospective attitude studies of parent child relations. *Child Development, 19:* 323-338, 1958.
7. Bell, R.Q. Structuring parent — child interaction situations for direct observation. *Child Development, 35:* 1009-1020, 1964.
8. Bell, R.Q. A reinterpretation of the direction of effect in studies of socialization. *Psychological Review, 75* (2): 81-95. March 1968.
9. Bell, R.Q. Contributions of human infants to caregiving and social interaction. In: Lewis, M. e Rosemblum, L. (orgs.) *The Effects of the Infant on its Caregivers.* N.Y., Willey, 1974, cap. 1, p. 1-19.
10. Bell, R.Q. e Hertz, T.W. Toward more comparability and generalizability of developmental research. *Child Development, 47:* 6-13, 1976.
11. Bell, S.M. e Ainsworth, M.S. Infant crying and maternal responsiveness. *Child Development, 43:* 1171-1190, 1972.
12. Beckwith, L. Relationship between infant's social behavior and their mother's behavior. *Child Development, 43:* 397-441, 1972.
13. Blehar, M.; Lieberman, A. e Ainsworth, M.S. Early face to face interaction and its relation to later infant — mother attachment. *Child Development 48:* 182-194, 1977.
14. Blurton Jones N. Characteristics of ethological studies of human behavior. In: Blurton Jones, N. (org.). *Ethological studies of child behavior.* Cambridge, Cambridge Univ. Press, 1972, cap. 1, p. 1-36.
15. Blurton Jones N. e Leach G.M. Behavior of children and their mothers at separation and greeting. In: Blurton Jones (org.) *Ethological studies of*

child behaviour. Cambridge, Cambridge Univ. Press, 1972, cap. 9, p. 217-247.
16. Bowlby, J. The nature of a child's tie to his mother. *International of Psychoanalysis, 39:* 350-373, 1958.
17. Brown, J.V.; Bakerman, R.; Snyder, P.; Fredrickson, W.; Morgan S. e Hepler, R. Interactions of black inner city mothers with their newborn infants. *Child Development, 46:* 677-686, 1975.
18. Buddenhagen, R.G.; Sickler, P. Hyperactivity: a forty-eight hour sample plus a note on etiology. *American Journal of Mental Deficiency, 73:* 580-589, 1969.
19. Caldwell, B.M. e Hersher L. Mother-infant interactions during first year of life, *Merril-Palmer Quarterly, 10:* 119-128, 1964.
20. Campbell, S. Mother-child interaction in reflective impulse and hyperactive children. *Developmental Psychology, 50:* 463-474, 1973.
21. Campbell, S. Mother-child interaction: a comparison of hyperactive, learning disabled and normal boys. *American Journal of Orthopsychiatry, 45:* (1): 51-57, January 1975.
22. Carter, C. e Bow, J. The mother's response to separation as a function of her infant's sex and vocal distress. *Child Development, 47:* 872-876, 1976.
23. Erikson, E.H. Eight ages of man. In: Lavately, C.S. e Stendler, F. *Readings in child behavior and development.* 3.ª ed. 1972, p. 19-30.
24. Etzel, B.C. e Gewirtz, J.L. Experimental modification of caretaker maintained high rate operant crying in a 6 and 20 week old infant: extinction of crying with reinforcement of eye control and smiling. *Journal of Experimental Child Psychology, 5:* 303-317, 1967.
25. Formby, D. Maternal recognition of infant's cry. *Developmental Medicine and Child Neurology, 9:* 293-298, 1967.
26. Freedheim, D.K. e Reichenberg-Hackett, W. An experimental investigation of parent-child attitudes with the PARI scales. *Child Development, 30:* 353-361, 1959.
27. Freud, S. *Trois essais sur la theorie de la sexualité.* Trad. do alemão por B. Reverchon. Jouve, France, Ed. Gallimard, 1962.
28. Garfield, S.L. e K. Helper, M.M. Parental attitudes and socio-economic status. *Journal of Clinical Pschology, 28:* 171-175, 1962.
29. Gewirtz, J.L. e Gewirtz, H.B. Stimulus conditions, infant behaviour and social learning in four israeli child rearing environments: a preliminary report ilustrating differences in environment and behavior between the "only" and the "youngest" child. In: Foss, B.M. (org.). *Determinants of infant behavior III.* London, Methnen and Co. Ltda., 1969.
30. Gewirtz, H. e Gewirtz, J.: Caretaking settings, background events and behavior differences in four israeli child rearing environments, some preliminary trends. In: Foss, B.M. (org.) *Determinants of infant behavior IV.* London, Methnen and Co. Ltd., 1969, p. 229-253.
31. Goldfarb, N. Effects of psychological deprivation in infancy and subsequent stimulation. *American Journal of Psychiatry, 102:* 18-33, 1945.
32. Harper, L. The young as a source of stimuli controlling caretaker behavior. *Developmental Psychiatry. 4* (1): 73-88, 1971.
33. Horowitz, F. e Lovel, L. Attitudes of mothers of female schizophrenic. *Child Development. 31:* 299-305, 1960.
34. Jacobs, B. e Moss, H. Birth order and sex of sibling as determinants of mother-infant interaction. *Child Development. 47:* 315-322, 1976.

35. Klebanoff, L.B. Parental attitudes of mothers of schizophrenic, brain injured and retarded and normal children. *American Journal of Orthopsychiatry, 29:* 445-454, 1958.
36. Klein, M. *Psychoanalysis of children*. Londres, Hogarth Press, 1932.
37. Klein, M. O desmame. In: Klein, M.; Isaacs, S.; Sharpel, F.; Searl, N. e Middlemore, M.P. *A educação de crianças*. Rio de Janeiro, Imago, 1973, cap. 2, p. 35-52.
38. Laufer, M.W. e Denhoff, E.H. Riverside: (a) hyperkinetic behavior syndrome in children. *Journal of Pediatrics, 50:* 463-474, 1957.
39. Laufer, M.W.; Denhoff, E.H. e Solomons, G. (b) hyperkinetic impulse disorder in children's behavior problems. *Psychosomatic Medicine, XIX* (1): 38-49 1957.
40. Madoff, J.M. The attitudes of mothers of juvenile deliquents toward child rearing. *Journal of Consulting Psychology, 23:* 518-520, 1959.
41. Mark, J.C. The attitudes of mothers of schizophrenic toward child behavior. *Journal of Abnormal Social Psychology, 48:* 185-189, 1953.
42. Moss, H.A. Sex, age and state as determinants of mother-infant interactions. *Merril-Palmer Quarterly, 13:* (1): 19-36, Jan. 1967.
43. Munsinger, H. *Fundamentals of child development*. N.Y., Holt, Rinehart and Winston Inc., 1971, cap. 12.
44. Mussen, P.H.; Conger, J.J. e Kagan, J. *Child Development and personality*. 4.ª ed. Harper & Row Publishers, 1974.
45. Paternite, C.E.; Loney, J. e Langhorne, J. Relationship between symptomatology and SES — related factors in hyperkinetic and MBD boys. *American Journal of Orthopsychiatry, 46:* (2): 291-301, April 1976.
46. Peterson, D.R.; Becker, W.C.; Hellmer, L.A.; Shoemaker, D.J. e Quay, H.C. Parental attitudes and child adjustment. *Child Development, 30:* 119-130, 1959.
47. Rheingold, H.L. The social and socializing infant. In: Goslin, D.A. (org.) *Handbook of socialization theory and research*. Chicago, Rand Mc Nally and Company, 1969, p. 779-790.
48. Richards, M.P.M. e Bernal, J.F. An observational study of mother-infant interaction. In: Blurton Jones, N. *Ethological studies of child behavior*. Cambridge, Cambridge Univ. Press, 1972.
49. Sander, L.W. The longitudinal course of early mothers-child interaction: cross-case comparison in a sample of mother-child pairs. In: Foss, B.M. *Determinants of Infant behavior IV*. London, Methuen, & Co. Ltd., 1965.
50. Schaefer, E.S. A circumplex model for maternal behavior. *Journal of Abnormal and Social Psychology, 59:* 226-235, 1959.
51. Schlieper, A. Mother-child interaction observed at home. *American Journal of Orthopsychiatry, 45* (3): 468-472, April 1975.
52. Sollitto, N.A. *Observação da interação mãe-nenê em uma situação natural*. Tese Doutoramento apresentada à PUCSP, 1972.
53. Spitz, R.A. Hospitalism. *Psychoanalytic Study of the Child I*. N.Y., Int. Univ. Press, 1945.
54. Stayton, D.J.; Hogan, R.A. e Ainsworth, M.D. Infant obedience and maternal behavior: the origins of socialization reconsidered. *Child Development, 41:* 1057-1069, 1971.
55. Stevens-Long, J. The effect of behavioral context on some aspects of adult disciplinary practice and affect. *Child Development, 44:* 476-484, 1973.
56. Tulkin, S. e Kagan, J. Mother-child interaction in the first year of life. *Child Development, 43:* 31-41, 1972.

57. Victor, J.; Halverson, C. e Inoff, G. e Buczkowsti. Objective behavior measures of first and second grade boys' free play and teachers ratings on a behavior problem check list. *Psychology in the Schools, 10:* (4): 439-443, 1973.
58. Walker, R. Body build and behavior in young children. *Monogr. Soc. Res. Child Development, 27:* 3, 1962.
59. Wasz-Hockert, O.; Partanen T. e Vuorenkoski, V. Effect of training on ability to identify preverbal vocalizations. *Developmental Medicine and Child Neurology, 6:* 393-396, 1964.
60. Zuckerman, M.; Barret, B. e Bragiel, R. The parental attitudes of parents of child guidance cases I, Comparison with normals, investigations of socio-economic and family constellation factors and relations to parents reactions to the clinics. *Child Development, 31:* 401-417, 1960.
61. Zuckerman, M.; Oltean, M. e Monashkin, I. The parental attitudes of mothers of schizophrenics. *Journal of Consulting Psychology, 22* (4): 307-310, 1958.
62. Zunich, M. Lower-class mothers' behavior and attitudes toward child rearing. *Psychological Reports, 29:* 1051-1058, 1971.

Capítulo 3

Desenvolvimento intelectual: período sensório-motor

Eliana Herzberg

Neste capítulo procuraremos dar inicialmente uma visão ampla do período denominado por Piaget de sensório-motor, que se estende do nascimento até aproximadamente o final do segundo ano de vida, para depois realizarmos uma análise mais detalhada do que nele ocorre, etapa por etapa, até a transição para o período seguinte.

É no período sensório-motor de desenvolvimento que assistimos ao "chamado" nascimento da inteligência. Um dos livros de Piaget, dedicado a este período, tem o título justamente de *O nascimento da inteligência na criança*. Para podermos entender melhor como se dá este processo, precisamos discutir, pelo menos em termos gerais, quais os critérios utilizados por Piaget, para classificar um ato como sendo "inteligente" ou não. Em sua vasta obra, o autor refere-se inúmeras vezes e de formas bastante diversas ao conceito de inteligência. Nosso objetivo, no momento, não será o de fazer uma revisão exaustiva para precisar o conceito, mas apenas o de levantar algumas idéias básicas. Se definirmos o termo "inteligência" como a capacidade de adaptação psicológica ao meio, chegaremos rapidamente ao critério principal que nos permite classificar um ato inteligente: um ato será considerado "inteligente" quando tiver sido realizado *intencionalmente*. Temos então que, quanto maior a plasticidade de um indivíduo ao enfrentar uma situação, maior será sua probabilidade de êxito e, portanto, maior será seu grau de adaptação psicológica ao meio. Exemplificando: imaginemos duas crianças, uma recém-nascida e outra com dois anos de idade, ambas com muita "fome". É flagrante a diferença entre esses nossos dois sujeitos, em termos de sua possibilidade de adaptação ao meio. O recém-nascido dispõe praticamente de apenas um meio, que é o choro, para obter o que necessita; ao passo que são muito mais variados os meios de que dispõe uma criança de dois anos, pois esta poderá levar a mãe até a cozinha e apontar o que deseja ou, dependendo do caso, poderá fazer uma solicitação verbal; ou ainda como o recém-nascido, apenas chorar.

O importante a se perceber, neste exemplo, é que no caso do recém-nascido não há possibilidade de variação dos meios a serem utilizados para satisfação de uma necessidade (o único existente é o choro), ao passo que são muito maiores os recursos disponíveis para uma criança de dois anos, podendo adequá-los à situação particular. Por exemplo, se a mãe estiver longe, poderá gritar para chamá-la; se estiver perto e prestando atenção a ela, é só apontar para o que deseja e assim por diante.

No caso, o bebê tem uma reação reflexa onde a necessidade de alimentação está vinculada ao choro, sem que haja sequer a identificação do estado motivacional que denominamos "fome". A reação é automática. Já a criança de dois anos percebe que está com fome, ou que "quer comer". Esta percepção desencadeia a intenção de obter alimentos e a busca dos meios apropriados para atingir este fim.

Assim é que observaremos, no decorrer dos dois primeiros anos de vida, uma evolução gradual que passa de atos reflexos, que possuem uma plasticidade restrita, para comportamentos complexos que podem ser variados e modulados em grau muito maior, em função da situação particular (comportamentos inteligentes).

Dentro desta mesma linha de raciocínio e procurando traçar a linha evolutiva desta fase inicial de vida, observamos a transição de atos reflexos automáticos para comportamentos que estão claramente sob controle voluntário e consciente. A criança passa de uma situação de passividade, onde os estímulos desencadeiam reações em bloco, para uma organização móvel onde os meios podem ser variados para a consecução de um fim, e onde a criança é, portanto, um ser ativo com maior domínio sobre suas ações.

É com os mecanismos presentes já no nascimento (inatos) que a criança vai enfrentar o meio; e este vai também se adaptar às suas necessidades e exigências. Com o tempo, através das interações da criança com o meio (e é por isto que falamos em nascimento da inteligência), haverá cada vez mais a possibilidade de modificação dos comportamentos em função das exigências e solicitações particulares de cada situação.

Quando falamos em inteligência, estamos nos referindo exatamente à possibilidade de variar os meios, as formas de agir, em função da realização de determinados objetivos. Tendo a criança certos padrões "prontos" de comportamento ao nascer (por exemplo, o reflexo de sucção, de preensão, etc.) e, como foi dito anteriormente, pequena plasticidade em termos de adaptação ao meio, predominará a repetição dos comportamentos que possui. À medida que se liberta dos padrões mais rígidos de comportamento, a repetição vai cedendo lugar à invenção, à criação de formas novas de adaptação. Tecnicamente denominamos *esquemas* estes padrões de comportamentos organizados, que por sua vez também organizam as experiências da criança. O termo *esquema* refere-se à estrutura básica subjacente às ações manifestas da criança; é utilizado para designar a essência de seus comportamentos. Sabemos, por exemplo, que não há na realidade duas ações iguais: a criança que pega um objeto, a rigor nunca o faz duas vezes exatamente da mesma maneira. No entanto, nas duas situações identificamos o ato de pegar, mesmo que existam estas pequenas diferenças. Aliás, incluímos dentro da categoria preensão uma grande variedade de ações: pegar um livro, pegar uma cadeira, uma bolinha, etc., pois todas apresentam características básicas comuns. A existência destas características comuns justifica dentro do referencial piagetiano a utilização do termo *esquema de preensão:* significa que existe uma maneira regular, um conjunto básico de coordenações motoras comuns subjacentes a estas ações e que pode ser transferido de uma situação para outra, como, por exemplo, pegar um objeto diferente dos mencionados.

Como foi dito anteriormente, já ao nascer o bebê possui esquemas, padrões de comportamento que apresentam coerência e organização (os reflexos). Os reflexos funcionam isoladamente e são revestidos de uma certa rigidez, pois, como veremos adiante, no subestádio Exercício dos Reflexos, apesar de o reflexo sofrer o processo de adaptação, caracteriza-se essencialmente por sua natureza repetitiva. É devido à mobilidade e plasticidade dos esquemas que se tornam possíveis a invenção e criação de novas formas de adaptação. Os esquemas tornam-se adaptáveis a uma grande amplitude de situações e objetos e combinam-se entre si de diferentes maneiras, tanto em termos de seqüências (por exemplo, pegar-ouvir-olhar ou ouvir-pegar-olhar, etc.) como de funcionamento simultâneo (por exemplo, levantar-se para alcançar o objeto que deseja). São os esquemas que na prática vão sofrer os processos de assimilação e acomodação (adaptação). O esquema de sucção, por exemplo, pode ser utilizado numa gama cada vez mais ampla de situações (assimilação), bem como se transformar para enfrentar outras (acomodação).

Resumindo, então, temos que os esquemas simples, que funcionavam isoladamente no início, nestes dois primeiros anos de vida vão se integrando e complexificando-se e, desta forma, organizando as experiências da criança.

Observamos que, no período inicial de vida, a adaptação do bebê dar-se-á principalmente através do processo de assimilação (as situações novas serão enfrentadas com os esquemas que a criança já dispõe), e à medida que vai amadurecendo vão se ampliando as interações com o meio, cresce em importância o processo de acomodação (seus esquemas e estruturas mudam, para enfrentar uma situação nova).

Vimos, então, que já nos primeiros meses de vida a criança torna-se capaz de executar atos inteligentes. Mas a que tipo de inteligência estamos nos referindo? A inteligência do bebê de um ano é provida das mesmas características que a de uma criança de 9 anos, por exemplo? A resposta, é claro, só poderia ser negativa. Todos sabemos por observação direta ou por intuição que o relacionamento da criança com ela mesma e com o mundo que a cerca, nos dois primeiros anos, se dá fundamentalmente através de ações, sensações e percepções. A criança vai conquistar, através dos movimentos, o universo prático que a cerca. Sendo assim, só poderíamos pensar numa *inteligência prática* ou *sensório-motora,* que se refere à manipulação de objetos, aquisição de habilidades e adaptações de tipo comportamental.

Para Piaget, não há nesta etapa qualquer representação interna dos acontecimentos. Não há qualquer representação cognitiva ou conceitual do comportamento ou do ambiente externo. Assim, temos uma criança capaz de agir no mundo, mas não ainda capaz de criar mentalmente soluções para os mais variados problemas que tem que enfrentar.

Adapta-se por intermédio da ação, dos movimentos, mas não ainda através do pensamento, da simbolização. No entanto, essas adaptações de tipo comportamental, de caráter mais prático, constituem-se para Piaget em pré-requisitos para a possibilidade de representação mental. Pois a representação mental só será possível através da interiorização da ação. Trata-se de um processo contínuo que tem suas raízes nesse período.

Neste ponto, deparamo-nos com um aspecto central e inovador da teoria de Piaget, pois, ao se referir à inteligência prática ou sensóriomotora, está considerando a criança como um ser que, embora ainda não disponha de linguagem e não possa imaginar mentalmente os acontecimentos, pode variar os meios para chegar a um determinado fim desejado (i.e, é capaz de apresentar condutas inteligentes). Em outras palavras isto quer dizer que o pensamento deriva da ação e não da linguagem, conforme sustentavam muitos teóricos renomados, anteriores ou contemporâneos a Piaget. A linguagem é o meio por excelência através do qual em geral estudamos o pensamento e é principalmente através dela que o pensamento se expressa. Entretanto, seria muito diferente se acreditássemos que o pensamento surge a partir da linguagem. Piaget nos mostra em seus inúmeros trabalhos que o pensamento deriva da ação, da interiorização desta, existindo portanto antes do aparecimento da linguagem.

Retomando a descrição das principais aquisições do período sensório-motor, vemos que a criança torna-se capaz de: apresentar comportamentos intencionais (inteligentes), isto é, capaz de encadear duas, três ou mais ações para chegar a um fim; integrar informações obtidas das várias modalidades sensoriais; e agir como se o mundo externo *fosse um local permanente.*

Deter-nos-emos agora nestas duas últimas aquisições. Para isto, precisamos voltarnos um pouco para os interesses que nortearam as investigações de Piaget. Desde o início de sua carreira Piaget preocupou-se com determinadas questões filosóficas tais como: Como se dá o processo de conhecimento? Como chegamos à noção de que os dados que obtemos através de nossos órgãos sensoriais nos conferem informações sobre uma mesma realidade, ou sobre o mesmo objeto? Como se dá esta integração de informações? Por que supomos que os outros indivíduos têm sensações parecidas com as nossas e apreendem o mundo tal como nós o apreendemos? Como chegamos à noção de que os objetos, de que "as coisas" existem e "acontecem" independentemente de estarem ou não acessíveis às nossas várias modalidades sensoriais (a esta noção Piaget deu o nome de permanência do objeto)? Exemplificando: Por que e como sabemos que um parente nosso, que viajou, continua a "existir", mesmo não estando acessível a nós, concretamente, através de nossos órgãos sensoriais (não podemos vê-lo, tocá-lo, etc.)? Por que acreditamos que um objeto que guardamos dentro de uma gaveta lá permanece até que de lá o tiremos? Todas estas questões são tratadas especulativamente dentro do ramo da filosofia chamado epistemologia (= estudo do conhecimento). Piaget procurou traçar a epistemologia genética, ou seja, estudar a gênese, o processo de formação do conhecimento, observando e estudando a evolução de crianças.

Inicialmente, estas questões nos parecem óbvias e de simples resolução. No entanto, este não é o caso, e a maior prova disto é que o próprio Piaget, que pretendia dedicar apenas alguns anos ao estudo do desenvolvimento infantil, para obter observações concretas que elucidassem estas questões, acabou dispendendo mais de trinta anos neste estudo, para só então voltar-se novamente às especulações epistemológicas mais teóricas.

Como resultado da observação direta de inúmeras crianças, Piaget verificou que é durante este primeiro período de desenvolvimento que a criança integra as informações oriundas dos vários órgãos sensoriais (por exemplo, passa a olhar para o que ouve, a ouvir o que pega, etc.), que de início funcionam isoladamente, e também passa a agir como se o mundo externo fosse um local permanente, onde os objetos existem, independentemente da percepção dos mesmos. Por exemplo, passa a procurar objetos desaparecidos de seu campo visual (e, se uma criança procura ativamente um brinquedo que retiramos de suas mãos e escondemos, está indiretamente nos mostrando que para ela o brinquedo continua a existir, mesmo que não lhe seja diretamente acessível, sensorialmente).

Como realizações deste período, podemos, em conclusão, citar que a criança vai ser capaz de usar instrumentos simples para conseguir objetos, antecipar conseqüências relativamente imediatas de ações, reconhecer as causas de acontecimentos que podem ocorrer e usar forças externas (gravidade, ação de outras pessoas, etc.).

De forma geral, ainda podemos dizer que, no final do período, será capaz de organizar dados da realidade externa e interna e de separar-se como um elemento da realidade e localizar-se em relação aos demais.

Agora passaremos a uma descrição mais detalhada do que ocorre etapa por etapa neste período até a transição para o período pré-operatório. Este exame visa responder à questão básica, já proposta por Piaget: "Como é que as reações sensório-motoras, posturais, etc... dadas no equipamento hereditário do recém-nascido, preparam o indivíduo para adaptar-se ao meio externo e para adquirir os comportamentos ulteriores, caracterizados precisamente pela utilização progressiva da experiência?" (*O nascimento da inteligência na criança*, p. 34). Esperamos com isto poder deixar mais claro o que foi exposto até agora sobre o período como um todo.

Piaget dividiu o período sensório-motor em seis subestádios, que são:

Período sensório-motor	0-2 anos
Estádio 1 (0-1 mês)	— Exercício dos reflexos
Estádio 2 (1-4 meses)	— As primeiras adaptações adquiridas e a reação circular primária
Estádio 3 (4-8 meses)	— As reações circulares secundárias e os processos destinados a fazer durar os espetáculos interessantes
Estádio 4 (8-12 meses)	— A coordenação dos esquemas secundários e sua aplicação às novas situações
Estádio 5 (12-18 meses)	— A reação circular terciária e a descoberta de novos meios por experimentação ativa
Estádio 6 (18-24 meses)	— A invenção de novos meios por combinação mental

Estádio 1: exercício dos reflexos (0-1 mês)

Como sabemos, ao nascer o bebê conta com um conjunto de ações reflexas, que está pronto para funcionar. O reflexo pode ser considerado como a forma mais simples de comportamento uma vez que a estimulação de um conjunto de receptores provoca sempre a mesma resposta, pois as conexões sinápticas entre os neurônios são relativamente fixas e invariáveis. Como exemplo de reflexo humano, poderíamos citar a retirada da mão de uma superfície dolorosamente quente, o piscar dos olhos em resposta a um jato de ar no rosto, e o espirro quando os canais nasais estão irritados. Se um dado conjunto de receptores é estimulado, a resposta está determinada pelas conexões sinápticas "fixas" no percurso entre o estímulo e a resposta. O reflexo é assim preso-ao-estímulo, é determinado pelos receptores estimulados. Por exemplo, a estimulação dos receptores de dor da pata fará com que um animal retire reflexamente a perna. A estimulação dos receptores de pressão na mesma pata fará com que o animal estenda esta perna para suportar seu peso. Os receptores de pressão e dor levam a diferentes percursos reflexos de modo que resultam respostas diferentes.

Não objetivamos aqui nos aprofundar na fisiologia dos reflexos, ou nos diferentes tipos existentes, mas apenas enfatizar que é a partir de alguns deles que se desenvolvem comportamentos altamente complexos. E, percebendo esta evolução, do reflexo ao comportamento complexo, observamos, como Piaget o fez, que há uma continuidade entre o biológico e o psicológico. O que é "psicológico" surge em função de um substrato biológico e apenas para fins didáticos podemos tentar traçar as fronteiras entre biológico e psicológico.

Nesta primeira etapa do período sensório-motor, como o próprio nome já indica, ocorre o exercício dos reflexos. Não seria de se estranhar se o leitor, a esta altura, estivesse com uma dúvida e levantasse a seguinte questão: Se o reflexo está "pronto" desde o nascimento, se é tão fixo e previsível como nos pretende mostrar a fisiologia, por que então falar numa etapa inicial de "exercício" de reflexos?

Através de suas observações, Piaget mostrou que, apesar da "rigidez" e da "previsibilidade", o reflexo também apresenta variabilidade e sofre o processo de adaptação (assimilação e acomodação). Basta observarmos a diferença existente, por exemplo, entre o bebê que está mamando pela primeira vez e esse mesmo bebê mamando em sua terceira semana de vida. O reflexo de sucção estava presente desde a primeira mamada (considerando-se uma criança sem anormalidades), mas é notável a "melhora" que notamos em termos de sua eficiência com o decorrer das semanas. A interação com o meio é importante desde o início da vida, pois as potencialidades inatas só vão se realizar plenamente e desenvolver-se no contato organismo/meio.

Existem reflexos que praticamente permanecem inalterados desde o nascimento até a morte, como, por exemplo, o reflexo patelar, ou o pupilar, bem como os que desaparecem normalmente no decorrer do primeiro ano de vida, sendo que, nestes dois casos, fica mais difícil verificarmos a variabilidade e o processo de adaptação. No entanto, há outros como o de sucção, preensão, os reflexos de acomodações visuais e movimentos dos olhos, de audição e formação, nos quais estas mudanças são flagrantes. São esses os reflexos que se revestem de maior importância para nós, psicólogos, pois se desenvolvem em comportamentos complexos. É por isso que Piaget a eles se refere, deixando de lado os outros que são os mais revestidos de rigidez e previsibilidade.

Os reflexos que levam à aprendizagem apresentam circularidade intrínseca (repetem-se várias vezes), ao contrário dos outros (como o de Moro [1]).

Talvez esta circularidade possa explicar a razão pela qual se desenvolvem em comportamentos motores voluntários.

Examinemos agora o caráter de *variabilidade* e de *adaptação* mencionado por Piaget, tomando como exemplo o reflexo de sucção. Fica implícito que as considerações a serem feitas serão válidas também para os demais reflexos já mencionados.

Contrariamente a outros reflexos, onde apenas um estímulo determinado produz uma resposta específica (ver exemplo anterior do reflexo à dor), o reflexo de sucção apresenta *variabilidade,* porquanto pode ocorrer: quando tocamos os lábios, ou a boca, ou as maçãs do rosto do bebê; e sem qualquer estímulo aparente na região da boca. Pode não ocorrer mesmo como o bico do seio na boca.

Quanto ao *processo de adaptação* podemos dizer que se dá através de três formas de assimilação, que são: assimilação funcional (ou também repetição cumulativa), assimilação generalizadora e assimilação recognitiva. Ainda não podemos falar separadamente dos processos de assimilação e acomodação, pois estão confundidos. Usamos o termo assimilação porque o que predomina, apesar da

---

[1] "O 'reflexo de Moro' é uma reação corporal maciça, subseqüente ao sobressalto determinado por vários estímulos que têm em comum a particularidade de induzir uma brusca extensão da cabeça, alterando sua relação com o tronco. Consiste na extensão, abdução e elevação de ambos os membros superiores, seguida de retorno à habitual atitude flexora em abdução." Texto extraído de Coriat, L.F. *Maturação psicomotora no primeiro ano de vida da criança.* São Paulo, Cortez e Moraes Editora, 1977, p. 34-35.

possibilidade de mudança, é a repetição, o enfrentar as situações novas, com os mecanismos de que o bebê já dispõe (não é capaz de criar novos mecanismos).

Por *assimilação funcional* ou *repetição cumulativa* entendemos que a própria repetição do reflexo possibilita sua maior eficiência, isto é, permite que sua função (no caso, a de sugar para obter alimento) se exerça plenamente, da "melhor" forma possível. Assimilação funcional, então, é a "melhora" que ocorre no mecanismo reflexo, pelo fato de ser colocado em prática inúmeras vezes. Como exemplo, já citamos anteriormente a diferença entre o bebê na sua primeira mamada e uma mamada depois de três semanas de vida. Neste exemplo, podemos dizer que ocorreu assimilação funcional.

Por *assimilação generalizadora* entendemos a incorporação de situações ou objetos cada vez mais variados ao mecanismo reflexo. Vejamos o que sucede então em termos do reflexo de sucção: inicialmente ele ocorre com predominância na situação de alimentação, no contato da criança com o seio materno ou bico da mamadeira. Aos poucos, no entanto, observamos que o reflexo pode ser deflagrado diante de estímulos cada vez mais variados: quando o bebê incidentalmente coloca seus dedos na boca, ou quando um pedaço da fralda toca a boca ou a região circundante, etc. Gradativamente vai se ampliando a gama de estímulos capazes de deflagrar o mecanismo reflexo. Ou, colocando em outras palavras: cada vez vai se "generalizando" o número de situações novas, que são enfrentadas com este mecanismo de que a criança dispõe. É a este fenômeno que Piaget denominou assimilação generalizadora.

A *assimilação recognitiva* refere-se ao início de reconhecimento prático e motor dos estímulos, que ocorre quando é acionado um mecanismo reflexo. Em certo sentido, podemos dizer que se trata do inverso do que foi descrito como assimilação generalizadora. Ao mesmo tempo que o reflexo incorpora um número cada vez maior de objetos ao seu mecanismo (assimilação generalizadora), também passa a discriminar as várias situações que o deflagram. Tomemos como exemplo um bebê que acorda chorando porque está na hora da mamada. Se, ao invés de dar o seio ao bebê, a mãe der chupeta, observaremos que o bebê poderá sugá-la durante alguns segundos, mas logo depois a rejeitará. Só ficará mais tranquilo e sugará vigorosamente se lhe for oferecido o seio ou a mamadeira. Podemos dizer que houve assimilação recognitiva, pois o bebê utilizou de forma discriminada o reflexo de sucção (não sugou prolongadamente a chupeta, mas chupou a mamadeira, ou o seio). Quanto à assimilação recognitiva (associar a palavra recognitiva a reconhecimento), considerada neste exemplo, devem ficar claros dois pontos: o primeiro é que o estado motivacional de falta de alimento (fome) é condição necessária para que ocorra por parte da criança a distinção mamilo x outros estímulos (após a mamada raramente ocorre este reconhecimento, a criança sugará da mesma forma chupeta, o seio, ou outro objeto); o segundo ponto é que, quando falamos em reconhecimento, naturalmente nos referimos a um início de reconhecimento prático e motor, sem qualquer representação interna, pois neste primeiro mês de vida sabemos que a criança nem sequer tem noção dos limites do próprio corpo, da distinção eu x não eu.

Resumindo, podemos dizer que no subestádio denominado Exercício dos Reflexos, há uma estabilização, generalização dos reflexos, que se tornam mais discriminadores, embora limitados sempre aos resultados finais hereditariamente determinados.

Estádio 2: as primeiras adaptações adquiridas e a reação circular primária (1-4 meses)

Neste subestádio podemos falar em adaptações adquiridas, ou então em reflexos condicionados ou associações adquiridas. Isto porque a partir do primeiro mês de vida observamos o início da transformação dos comportamentos (até então quase que só reflexos) em função da experiência. Dito de outra forma, passa a haver retenção de dados que não pertenciam ao próprio mecanismo reflexo. A adaptação adquirida, contrariamente à adaptação hereditária, supõe uma aprendizagem relativa aos dados novos do meio externo. Assim, a assimilação e acomodação começam a se dissociar.

Teoricamente talvez pareça simples a distinção entre o estádio do exercício dos reflexos e este, o das adaptações adquiridas. Na prática, porém, é muito difícil distinguirmos a aquisição real da simples coordenação pré-formada (puramente hereditária).

Como exemplos de hábitos adquiridos relativos à sucção, podemos citar a sucção sistemática do polegar ("chupar o dedo") e a protusão da língua (colocar a língua para fora e passá-la sistematicamente pelos lábios, como se fosse mamar).

Por que consideramos a sucção do polegar como hábito adquirido, se já foram inclusive tiradas fotos de fetos com o dedo na boca? Realmente, não é só a partir deste subestádio que o bebê vai colocar o dedo na boca. A novidade está na coordenação mão/boca, obtida através da experiência. Até então, a mão era acidentalmente colocada na boca e não havia uma coordenação suficiente para mantê-la aí. O bebê já contava, no seu equipamento hereditário, com os reflexos da boca e da mão, mas não com a coordenação eficiente entre estes dois tipos de movimentos reflexos. Como diz textualmente Piaget em seu livro *O nascimento da inteligência na criança:* "Não existe o instinto de chupar o polegar". Não há um estímulo que elicie a resposta de chupar o dedo! É por isso que falamos em adaptação adquirida.

A partir do momento em que resultados obtidos por acaso passam a ser conservados por repetição, temos o que foi denominado *reação circular*. Deter-nos-emos neste ponto para que o conceito de reação circular fique bem claro, uma vez que será utilizado inúmeras vezes na descrição do que ocorre nos subestádios seguintes. São as reações circulares que vão possibilitando a incorporação cada vez maior dos dados do ambiente e, conseqüentemente, a adaptação em nível crescente de complexidade da criança ao seu meio. Eis como Piaget a define: "A reação circular é, pois, um exercício funcional adquirido, que prolonga o exercício reflexo e tem como efeito alimentar e fortificar não já um mecanismo inteiramente montado, apenas, mas todo um conjunto sensório-motor de novos resultados, os quais foram procurados com a finalidade, pura e simples, de obtê-los. Como adaptação, a reação circular implica, segundo a regra, um pólo de acomodação e um pólo de assimilação" (Piaget, 1975).

A palavra circular é utilizada para lembrar a repetitividade do processo. A coordenação mão/boca da sucção, por exemplo, é repetida inúmeras vezes. À medida que o bebê repete, consolida este "conjunto sensório-motor". Para podermos aplicar corretamente o termo reação circular necessitamos de duas condições básicas: aquisição de algum elemento exterior aos mecanismos hereditários (como uma coordenação "nova" mão/boca — da sucção do polegar); atividade por parte da criança, isto é, inversamente ao que sucede no reflexo puro onde a criança é passiva (pois o estímulo quase automaticamente provoca uma resposta), temos uma criança que "descobre" na sua exploração do meio, mesmo que não intencionalmente, novos resultados (criança com papel ativo no desenvolvimento).

É importante mencionar que Piaget reconhece um fator motivacional básico para que haja a repetição continuada de um conjunto de ações que é justamente a busca de prazer.

Um ponto que ainda precisa ser esclarecido é o motivo de utilizarmos a denominação reação circular *primária*. Por que *primária*? Neste subestádio denominamos primárias as reações circulares, pois o conteúdo dos comportamentos está relacionado ao próprio corpo do bebê e muito ligado aos mecanismos hereditários. Voltando ao exemplo sucção do polegar: a criança descobriu esta coordenação mão/boca, repete-a inúmeras vezes (reação circular). Embora a coordenação seja "adquirida" (nova), suas partes integrantes, ou seja, a sucção e os movimentos das mãos já faziam parte do equipamento hereditário. Além do mais, mesmo que exista uma aquisição, esta está ligada ao próprio corpo da criança (e não ao meio ambiente externo, como veremos no próximo subestádio). A denominação *primária* está indicando a conexão dos comportamentos do bebê com os mecanismos hereditários relativos ao seu próprio corpo.

Para explicar o conceito de reação circular primária, utilizamos como exemplo principal a sucção do polegar. Há, no entanto, como já foi mencionado, outras condutas desse tipo, tais como: exploração sistemática do olhar, o balbuciar, o agarrar, etc.

Na parte inicial do capítulo referimo-nos ao interesse de Piaget em pesquisar como se dá o processo do conhecimento, como a criança chega à noção de um objeto permanente, isto é, à noção de que um objeto existe independentemente de ser acessível ou não, naquele momento, aos seus órgãos sensoriais. Pois bem, acompanhemos a partir deste momento quais os progressos do bebê nesta direção.

Conceito de objeto. Quais são então as reações do bebê ao desaparecimento de objetos? Como já foi explicado anteriormente, a noção de objeto e sua permanência no mundo externo é pesquisada através da reação da criança ao desaparecimento do mesmo.

Durante os dois primeiros subestádios não observamos reação ativa alguma da criança, face ao desaparecimento dos objetos. Isto implica na não existência da noção de objeto permanente. No entanto, as coordenações entre os vários esquemas (preensão/visão, preensão/audição, etc.) constituem passo fundamental na aquisição da noção de um único mundo externo. Um exemplo de coordenação que se instala é a tentativa do bebê de olhar para o que ouve (coordenação dos esquemas visuais e auditivos). Na medida em que um mesmo estímulo é objeto simultaneamente de ações visuais e auditivas (o bebê olha para o que ouve), temos já um primeiro passo importante na constituição do "objeto permanente".

Até o final do segundo subestádio temos um bebê para quem os objetos desaparecidos são como quadros que aparecem e desaparecem. E quando desaparecem, como numa projeção de *slides,* deixam de existir. É muito difícil para nós, adultos, imaginar um mundo dentro deste referencial.

Estádio 3: as reações circulares secundárias e os processos destinados a fazer durar os espetáculos interessantes (4-8 meses)

O terceiro subestádio é considerado como uma fase de transição entre os atos denominados pré-inteligentes e os propriamente inteligentes. Até o final do subestádio anterior as ações da criança eram desprovidas de qualquer intencionalidade (diferenciação entre meios e fins). O esforço de repetição dos comportamentos sempre incidia sobre resultados muito ligados às atividades reflexas (por exemplo, a sucção do polegar). A mobilidade dos comportamentos também era bastante restrita, não permitindo uma adaptação contínua às novas situações.

A partir deste subestádio notamos que a criança vai procurar repetir resultados interessantes obtidos por acaso, em relação ao meio exterior. A esta repetição voltada para o meio Piaget denomina reação circular *secundária*. Como exemplo de uma reação circular secundária poderíamos citar o bebê que certo dia puxa acidentalmente uma cordinha à qual está atada uma série de bichinhos que se movimentam quando a mesma é puxada. A criança observa os bichinhos balançando e passa sistematicamente a puxar a cordinha, repetindo assim o "resultado interessante" descoberto por acaso. Lembremos aqui que o resultado obtido é prazeiroso para o bebê, constituindo-se o prazer a motivação básica para a repetição.

Consideramos as reações circulares secundárias como transição entre os atos pré-inteligentes e os inteligentes porque a reprodução de comportamentos passa a incidir sobre resultados cada vez mais distantes das atividades reflexas. Voltando-se para o meio, o número de resultados novos possíveis é infinito e cada vez a adaptação da criança à situação tem que ser maior, implicando isto numa necessidade maior de mudança de seus esquemas para enfrentar a situação nova (acomodação). Daqui para frente poderá ocorrer uma grande ampliação do número de esquemas que a criança possui, dependendo muito das oportunidades propiciadas pelo meio ambiente.

Assim, se a criança está num meio rico em termos de estimulação, terá maior oportunidade para descobrir estes "resultados interessantes", ampliando seu repertório de esquemas; e o inverso ocorre num meio de pequena estimulação. Por esta razão, as grandes diferenças individuais entre as crianças, principalmente quanto à gama de comportamentos que apresentam, vão se configurar mais nitidamente a partir deste subestádio.

Se, por um lado, temos uma criança que está mais voltada para o meio, adquirindo novos padrões de ação e se utilizando das relações dos objetos entre si, temos, por outro lado, que admitir que não estamos ainda diante do ato de inteligência completo. Em primeiro lugar, porque o fim a ser obtido não foi previamente estabelecido, tendo ocorrido na primeira vez por acaso e depois desejado na medida em que se dava a repetição da ação. Em segundo lugar, porque a reação circular secundária tem ainda um caráter conservador, que é o de repetir sempre o mesmo resultado. Há portanto o domínio da assimilação sobre a acomodação. Temos acomodação porque a criança pode ter que fazer um esforço para reproduzir as condições nas quais obteve o resultado interessante: por exemplo, no caso da corda com os bichinhos, precisa pegar a corda onde estiver, pois cada vez está em posição um pouco diferente e isto implica uma mudança. Mas depois há o predomínio da assimilação, pois a criança vai apenas repetir exatamente a "ação que deu certo" para obter o resultado desejado: ainda em relação à corda e aos bichinhos, uma vez de posse da cordinha puxará e assim os bichinhos balançarão (resultado desejado). Em terceiro lugar porque o ato verdadeiramente inteligente é aquele em que há possibilidade de variar os meios para atingir um determinado fim. Considerando ainda este exemplo, observamos que o bebê nesta fase não será capaz de variar os meios que utiliza para balançar os bichinhos. Imaginemos que a cordinha esteja fora do alcance de seus braços; o bebê não será capaz de chegar a uma outra solução intencional, como, por exemplo, pegar um bastãozinho e bater nos bichinhos, ou puxar com as pernas o barbante e então pegá-lo com as mãos, etc.

A intenção, se é que já se pode falar verdadeiramente nela, está muito vinculada à própria ação. Só no final deste subestádio e no início do seguinte teremos uma distinção mais nítida entre meios e fins, onde o contato com o objeto vai desencadear a intenção (por exemplo, o contato visual com um chocalho pode desencadear a vontade, o desejo de pegá-lo) e a subseqüente busca de meios apropriados para a consecução de um determinado fim (busca da melhor forma de pegar o chocalho, por exemplo).

Conceito de objeto. Quanto à reação da criança ao desaparecimento de objetos nesta fase, notamos que já existe uma busca, muito embora seja restrita apenas à trajetória do movimento ou ação em curso. Há movimentos de acomodação, mas apenas como continuação da ação que já estava em curso. Imaginemos, por exemplo, um bebê, que acompanha com os olhos a trajetória de um objeto colorido. Se de repente o retiramos, a criança poderá reencontrá-lo visualmente se ele for colocado em algum ponto da trajetória que percorria, mas ainda não empreenderá uma busca ativa (eliminando obstáculos interpostos entre ela e o objeto, etc.).

A permanência do objeto no mundo é mais longa do que nos subestádios precedentes, embora ainda não ocorra a busca ativa do objeto que não esteja dentro do seu campo perceptivo.

Estádio 4: a coordenação dos esquemas secundários e sua aplicação às novas situações (8-12 meses)

Neste subestádio encontramos as condutas propriamente inteligentes. Isto porque há uma verdadeira dissociação entre meios e fins. A criança é capaz de variar os meios utilizados para atingir um determinado objetivo. Por exemplo, se quer um brinquedo que está colocado atrás de um anteparo, poderá empurrá-lo, balançá-lo, etc., até que tenha acesso ao mesmo. Há uma nova coordenação dos esquemas que o bebê possui para obter um resultado desejado. Os esquemas são aplicados a uma situação nova. Não são mais utilizados como fim em si mesmo (como, por exemplo, pegar e largar um objeto várias vezes à guisa de exercício), mas como um instrumento numa seqüência complexa de ações para atingir um determinado resultado.

Um resultado interessante, como, por exemplo, o balançar de um móbile pendurado em cima do berço pode ser atingido de muitas formas; o bebê não vai repetir apenas a ação que deu certo para balançá-lo anteriormente, mas poderá se utilizar de todos os comportamentos de que dispõe para tal fim.

Além desta notável mobilidade dos esquemas, notamos claramente a intencionalidade dos comportamentos. O contato com o objeto despertará um desejo inicial que por sua vez desencadeará toda uma seqüência de comportamentos. E geralmente o "fim" almejado pela criança já não é diretamente acessível como o era nos subestádios anteriores. Não sendo diretamente acessível, fica muito mais fácil observarmos como os esquemas se tornam instrumentos, como são encadeados em seqüências às vezes muito diferentes umas das outras para a obtenção deste fim.

Uma limitação característica deste subestádio é o fato de o bebê não ser capaz ainda de criar meios novos para obter um resultado. Utilizará apenas os meios conhecidos. Neste ponto sua adaptação às situações ainda está prejudicada, pois só será possível dentro do "conhecido".

Quanto aos fins aos quais a criança se propõe, convém ficar claro que não são "pensados" ou planejados anteriormente como nós, adultos, o fazemos. Há sempre um elemento de sugestão do meio exterior, pois o bebê vai agir sob pressão de fatos percebidos ou em prolongamento de uma reação precedente e recente. Exemplificando: provavelmente porque viu seu brinquedo sendo colocado atrás de um anteparo é que vai empreender as tentativas de chegar até ele; ou é porque estava entretido em capturar e depois recapturar objetos, que alguém tirava de suas mãos, que fará tentativas de remover um obstáculo que se interponha entre ela e os mesmos (objetos). Não existe um planejamento prévio independente do campo perceptivo como ocorre com os adultos. Nós, adultos, podemos planejar ou fazer algo que não tenha nenhuma ligação com o que estamos fazendo no momento. Podemos, por exemplo, estar estudando um assunto e logo pensar em viajar, ou realizar algo que não tenha nada a ver com o estudo ao qual estamos nos dedicando no momento.

Conceito de objeto. Notamos um avanço considerável quanto à noção de permanência dos objetos. A criança passa a buscar ativamente os objetos que são tirados de seu campo perceptivo, sendo que esta busca não se limita mais apenas à trajetória que o objeto vinha seguindo. Piaget testou isto em seus filhos, ocultando brinquedos sob uma almofada. Neste subestádio, verificou que a criança que presenciou tudo vai procurar e realmente encontra o brinquedo sob a almofada. No entanto, há ainda uma falha grave na noção que a criança tem do deslocamento dos objetos no espaço: a permanência é encarada como absoluta e estática, pois, se o brinquedo for escondido novamente (sob as vistas da criança), se for retirado do primeiro esconderijo e colocado sob uma segunda almofada, a criança persistirá em sua busca no local onde o objeto desapareceu pela primeira vez. A atuação da criança neste subestádio em relação à permanência dos objetos poderia ser expressa nos seguintes termos: o objeto continua a existir mesmo que não esteja acessível às modalidades sensoriais e ele poderá ser sempre encontrado no local onde desapareceu pela primeira vez.

Muitas vezes a criança obterá uma adaptação satisfatória buscando objetos no local onde foram colocados na primeira vez, da mesma forma como nós, adultos, podemos alcançar resultados satisfatórios repetindo ações que deram certo uma vez. Exemplificando: suponhamos que num jogo de xadrez sejamos bem-sucedidos porque utilizamos uma determinada estratégia; podemos repeti-la com o mesmo parceiro ou com outros, com sucesso. No entanto, se nosso parceiro descobre nossa fórmula, ou joga de maneira diferente, precisamos levar este fato em conta e alterar nossa estratégia de jogo, para podermos obter sucesso novamente.

A repetição de uma ação que deu certo pode ser adaptativa numa série de circunstâncias, mas a adaptação mais completa só será possível se levarmos em conta as transformações e eventos ocorridos entre uma ação e a seguinte.

Apesar de não termos ainda o advento definitivo da noção de objeto, percebemos, por exemplo, que houve a coordenação de permanência tátil com visual, e assim por diante (o objeto visto é o mesmo objeto que agora só pode ser "sentido" tatilmente).

Estádio 5: a reação circular terciária e a descoberta de novos meios por experimentação ativa (12-18 meses)

Podemos considerar este subestádio como aquele em que observamos as formas mais elevadas de atividade comportamental antes do aparecimento da capacidade de representação interna (mental) dos acontecimentos. As possibilidades de adaptação ao meio em termos de comportamentos explícitos são muito maiores do que nos subestádios precedentes, uma vez que a subordinação dos meios aos fins é quase que total. A criança pode inventar novas formas de ação para atingir um objetivo almejado. Notamos inclusive uma atitude de experimentação ativa, onde não apenas o fim em si é importante, mas também a descoberta desses novos meios para atingi-lo.

A *atitude de experimentação* e a *busca da novidade* constituem as características essenciais das chamadas *reações circulares terciárias* que aparecem nesta fase. Citemos um exemplo de reação circular terciária para depois retomarmos teoricamente suas características: uma criança deixa repetidas vezes cair no chão, um carrinho. Cada vez que o faz, experimenta uma nova maneira de jogá-lo: ora com mais força, ora com menos, de uma altura maior ou menor. Observa as posições em que o carro cai em função de seu lançamento ao solo. Por exemplo, pode observar que, lançando o carro em pé de uma altura pequena, esse carro cai em pé. Eventualmente repete uma forma de jogar o carrinho para conseguir que caia numa determinada posição "nova", na qual nunca tinha caído antes. A trajetória da queda passa a despertar grande interesse.

Pela primeira vez, notamos a repetição de uma ação onde a criança visa apreender as novidades. Até então (na reação circular secundária, por exemplo) a repetição tinha por "objetivo" chegar a um determinado fim. As variações que se fizessem necessárias não se constituíam alvo de interesse e pesquisa para a criança. Agora ela parece estudar a relação entre meios e fins. Como alterações nos intermediários podem levar a diferentes resultados? Passa a realizar graduações e variações nestes intermediários para descobrir flutuações nos resultados.

A reação circular terciária é inovadora por dois motivos: há repetição dos movimentos com variação e graduação, sendo que a repetição visa mais a uma compreensão do resultado do que apenas a chegar ao mesmo fim; há busca de novidade.

A reação circular terciária pode ser considerada como equivalente à estratégia de tentativa-e-erro utilizada conscientemente pelo adulto, para a solução de um problema. Para obter um certo resultado, a criança varia intencionalmente suas ações. No nosso exemplo, se a criança quer que seu carrinho caia na posição "em pé", "normal", testa várias maneiras de lançá-lo, até obter o resultado desejado. A reação circular secundária, característica do subestádio anterior, pode por sua vez ser comparada à solução acidental de um problema. Ainda em nosso exemplo, acidentalmente a criança joga o carro que cai em pé. Repetirá inúmeras vezes esta forma de jogar para conseguir o resultado de vê-lo cair em pé. Não há uma atitude ativa de experimentação e pesquisa para chegar a um fim desejado, ou mesmo a novos fins.

Neste ponto, já é notável a diferença entre um recém-nascido

— cujo repertório comportamental é composto basicamente por ações desencadeadas em bloco por estímulos externos — e uma criança com aproximadamente um ano e meio de idade, que apresenta uma mobilidade muito grande em termos de comportamentos. Temos agora uma criança com capacidade muito maior de variar, de graduar, enfim, de ter controle voluntário sobre suas ações. Os processos de assimilação e acomodação estão claramente dissociados, sendo que já ocorre o nítido predomínio deste último processo sobre o primeiro. A criança é capaz de mudar seus comportamentos, seus esquemas e estruturas para enfrentar uma situação nova.

Com o intuito de apresentar outros exemplos de comportamentos inteligentes que aparecem nesta fase, citaremos três condutas típicas, a do suporte, a do barbante e a do bastão.

Quando falamos de conduta do suporte, referimo-nos ao fato de a criança ser capaz de chegar a um objeto que esteja fora do alcance de suas mãos, deslocando para perto de si o suporte no qual este repousa. Esta conduta equivale à descoberta empírica da "lei": o deslocamento de um suporte implica no deslocamento simultâneo do que nele estiver apoiado. Para apanhar um relógio que está sobre uma almofada, mas fora do alcance de suas mãos, a criança puxa para si esta última e assim alcança o relógio (experiência feita pelo próprio Piaget com seus filhos).

A conduta do barbante assemelha-se à do suporte. Apresentando-se à criança um objeto por ela desejado, mas também fora do alcance de suas mãos e prendendo-se o mesmo a um barbante, este ao seu alcance, notamos que a criança, após algumas tentativas infrutíferas de chegar diretamente ao objeto, descobre a relação: puxar o barbante implica em puxar o objeto para perto de si. Feita esta descoberta, a criança passará a utilizar-se sempre do intermediário (barbante) para chegar ao fim (objeto).

A conduta do bastão, por sua vez, é a mais complexa das três constituindo-se no exemplo mais puro de subordinação dos meios intermediários aos fins. Isto devido ao fato de o bastão não ser mais um prolongamento do objeto (como no caso do apoio — o deslocamento do apoio implica no deslocamento do objeto; e no caso do barbante — o objeto está ligado ao barbante), mas simplesmente um instrumento. Como exemplo de conduta do bastão podemos citar a criança que, para pegar um carrinho de plástico que se encontra fora do seu campo de preensão, é capaz de se utilizar de um bastão (a seu alcance) para atraí-lo para perto de si e assim pegá-lo.

Nos três casos, observamos que, no seu esforço para obter um objeto, a criança acaba descobrindo determinadas relações (por exemplo, que o movimento do suporte implica no movimento do que nele está apoiado) e passa a utilizá-las para atingir seus objetivos. Estas condutas são muito ilustrativas para entendermos melhor a natureza criativa e engenhosa das reações circulares terciárias às quais já nos referimos anteriormente. No caso da conduta do suporte, como qualquer outra, a criança pode ter descoberto a relação acidentalmente, mas acaba retendo esta descoberta e utilizando-a ou na própria situação ou para resolução de outras com as quais venha a se defrontar.

Conceito de objeto. Nesta etapa de seu desenvolvimento a criança, ao contrário do subestádio anterior, já leva em conta os deslocamentos sucessivos do objeto. Em termos de sua atuação prática, isto implica, por exemplo, que procurará um objeto no ponto onde foi visto pela última vez, isto é, na posição que resulta do último deslocamento visível. Assim, se sob as vistas da criança escondemos um objeto sob uma almofada e, depois, ainda procedemos a um novo deslocamento deste objeto, escondendo-o sob uma segunda almofada, este será procurado debaixo da segunda almofada (não mais sob a primeira, como no subestádio anterior). Apesar deste progresso, onde os deslocamentos se dão dentro de um espaço contínuo e não tão fragmentado, observamos que a criança não é capaz de fazer inferências; no caso, não prevê a possibilidade de movimentos invisíveis. Se, por exemplo, escondemos um objeto em nossa mão, depois o depositamos atrás de nós, embaixo de um travesseiro e finalmente reapresentamos nossa mão fechada à criança, esta procurará o objeto apenas na mão, e não sob o travesseiro. A criança falha na solução deste problema por não ser capaz de fazer inferências, porque não pode prever um movimento invisível.

Estádio 6: a invenção de novos meios por combinação mental (18-24 meses)

Esta fase pode ser considerada como de transição para o período seguinte que é o pré-operatório. A grande novidade que marca esta passagem é o início da representação mental dos acontecimentos. Torna-se possível imaginar acontecimentos e segui-los até certo ponto mentalmente.

A fase precedente é considerada como a última que não inclui esta representação interna do mundo exterior. Notaremos que para solucionar problemas a criança pode prescindir, até certo ponto, é claro, de tentativas-e-erros explícitas e utilizar-se da dedução, que se baseia numa representação mental anterior, numa antecipação dos acontecimentos.

Um exemplo clássico citado por Piaget para caracterizar a diferença entre uma criança desta etapa e uma da etapa precedente é o da corrente e a caixa de fósforos. A criança é colocada diante da seguinte situação-problema: enfiar uma correntinha através de um pequeno orifício dentro de uma caixa de fósforos. A criança da fase precedente conseguirá enfiar a corrente dentro da caixa, após inúmeras tentativas fracassadas. Após uma ou duas tentativas fracassadas, a criança desta fase poderá interrompê-las e então solucionar diretamente o problema, por exemplo, enrolando a correntinha toda numa bolinha e então enfiando de uma só vez a bolinha pelo orifício da caixa de fósforos. A diferença entre estas duas crianças estaria, segundo Piaget, justamente no momento da "interrupção" das tentativas. Aí, interpreta Piaget, é como se a criança imaginasse mentalmente a solução do problema e depois a colocasse em prática. Ao invés de atuar concretamente, haveria uma interiorização das ações e uma posterior colocação em prática da solução "mentalmente" encontrada (no caso, ao invés de continuar tentando colocar a corrente inteira na caixa, fazer dela uma bolinha e aí então colocá-la diretamente no orifício para dentro da caixa).

A passagem da ação explícita para a representação mental é de importância fundamental em termos das possibilidades de adaptação ao meio. Pode resolver problemas com muito maior rapidez e eficiência, pois entre as situações problema e suas respectivas soluções existe a representação interna, que por sua plasticidade e versatilidade conferem à ação um papel secundário, embora de forma nenhuma dispensável.

O aparecimento da linguagem nesta época confirma a existência da capacidade de representação mental. Na descrição do período seguinte vamos perceber como a utilização da palavra implica numa idéia, numa representação de algum aspecto da realidade externa. Mas isto já é assunto do qual nos ocuparemos posteriormente.

Conceito de objeto. Temos agora um objeto verdadeiramente constituído e cuja existência e permanência no mundo independem da sua percepção. Notamos que para a criança ele continua a existir e é adequadamente procurado, mesmo que sofra deslocamentos invisíveis.

O fato de incluir deslocamentos invisíveis quando busca os objetos constitui mais uma "prova" de que nesta fase a criança representa mentalmente os eventos (imagina aquele deslocamento e o leva em conta quando vai procurar o objeto).

Resumo

Neste capítulo demos uma noção geral do que ocorre no período sensório-motor de desenvolvimento, segundo Piaget, e descrevemos num segundo momento cada uma de suas subdivisões (seis ao todo).

Enfatizamos primeiramente o desenvolvimento da inteligência e, em segundo plano, a evolução do conceito de objeto. Através dos extensos trabalhos do próprio Piaget, sabemos que, a cada estruturação da inteligência corresponde também uma estruturação do espaço, do tempo, da casualidade, etc., noções estas que foram intencionalmente deixadas de lado neste capítulo, por ter o mesmo caráter introdutório à obra do referido autor.

Bibliografia

1. Baldiwn, A. *Teorias de desenvolvimento da criança*. São Paulo, Livraria Pioneira Editora, 1973, cap. 5-7.
2. Doll, Jean-Marie. *Para compreender Jean Piaget*. Rio de Janeiro. Ed. Zahar, 1978, cap. III-IV.
3. Flavell, J.H. *Apsicologia do desenvolvimento de Jean Piaget*. São Paulo, Livraria Pioneira Editora, 1975, cap. 3-4.
4. Ginsburg, H. e Opper, S. *Piaget's Theory of Intellectual Development*. New Jersey, Prentice-Hall Inc. Englewood Cliffs, 1969.
5. Piaget, J. *O nascimento da inteligência na criança*. Rio de Janeiro, Ed. Zahar, 1975.